融媒体影视传媒系列教材

融媒体
新闻采编

何萍 / 主编

RONGMEITI
XINWEN CAIBIAN

SWUP 西南大学出版社
国家一级出版社 全国百佳图书出版单位

图书在版编目(CIP)数据

融媒体新闻采编 / 何萍主编. -- 重庆 : 西南大学出版社, 2023.1

融媒体影视传媒系列教材

ISBN 978-7-5697-1591-0

Ⅰ. ①融… Ⅱ. ①何… Ⅲ. ①新闻采访 - 教材②新闻编辑 - 教材 Ⅳ. ①G21

中国版本图书馆CIP数据核字(2022)第236744号

融媒体新闻采编

RONGMEITI XINWEN CAIBIAN

主　　编：何　萍

副 主 编：倪　菲　张　琴　邱　倩

责任编辑：谭小军

责任校对：周明琼

装帧设计：闰江文化

排　　版：张　祥

出版发行：西南大学出版社(原西南师范大学出版社)

地址:重庆市北碚区天生路2号

邮编:400715　市场营销部电话: 023-68868624

http: // www.xdcbs.com

印　　刷：重庆美惠彩色印刷有限公司

幅面尺寸：170mm×240mm

印　　张：13.5

字　　数：260千字

版　　次：2023年1月　第1版

印　　次：2023年1月　第1次印刷

书　　号：ISBN 978-7-5697-1591-0

定　　价：47.00元

前 言

近年来，在国家创新驱动发展战略的大背景下，培养符合社会经济发展、科技文化创新需求的创新型、复合型、应用型人才成为高校人才培养的重点方向。在建设应用型高校的发展要求下，传统新闻学、传播学、播音与艺术主持、广播电视编导等专业只有通过协同发展，对课程体系、实验中心、实验教学等各环节进行交融建设与改革，才能培养出符合行业要求的创新型、复合型、应用型人才。

媒介融合时代，媒介形态革新的同时对传媒人才能力结构提出了更高的要求，传媒人才既要具备传统媒体行业的采编、策划等基本功，还需谙熟新媒体运营、大数据分析等新技能；既要具备人文社科理论素养和文化底蕴，还要掌握图像处理、视频编辑等专业设计能力。由此，学习“融媒体新闻采编”这门课程，可以助力培养创新型、复合型、应用型的传媒人才，满足社会对人才的需求。

融媒体新闻采编教学有着很强的实践性。长期以来的新闻采编实践、经验总结和理论归纳，虽然为大家掌握和提升新闻采编技能提供了重要参考，却一直没有在当代融媒体背景下形成更为贴近教学实践、理念与经验紧密结合的新闻采编训练模式。本书一方面着眼于融媒体新闻采编思维、采编技巧训练的基本案例，针对具体音频媒体、视频媒体和自媒体的具体操作进行深入分析和展示；另一方面围绕融媒体新闻策划、融媒体新闻采编规则，通过案例分析等形式，把大家带入融媒体的新闻采编、制作过程中，使大家直接领略一线新闻工作者的工作场景，体会他们的思考，学习他们的操作方法。融媒体新闻采编的实践基础还得聚焦于新闻本身，在新闻生产过程中，有较为严密的内在逻辑，但随时代的发展，也有新的内容和观点不断补充进来。“融媒体新闻采编”这门课程应致力于为新闻界提供有效的理论指导和切实可行的操作技巧与方法，秉持务实态度，注重可操作性和实用价值。目前，国内融合新闻采编著作还不是特别多，希望本书有益于培养符合融媒体行业发展需求的创新型、复合型、应用型人才。

本书理论与实践相结合，每一章都设置了相应的案例和案例分析。针对单篇作品的案例分析，我们放在案例作品之后；有些简短案例则直接穿插在正文之中。案例根据内容安排的需要，进行了部分删改。在此要感谢《人民日报》《重庆晨报》《华西都市报》等主流媒体，以及朱洁、吴晨光等人的著作，为本书撰写提供了丰富而鲜活、翔实而生动的案例。另外，本书在写作过程中还注意了可读性问题，尽量不做枯燥的理论表述，希望大家能够拥有好的阅读体验。

本书章节执笔情况如下：重庆对外经贸学院何萍老师负责第四章、第六章、第七章的编写工作，并独立完成全书的统稿工作；重庆对外经贸学院张琴老师负责第一章、第二章、第三章的编写工作；重庆对外经贸学院倪菲老师负责第八章、第九章和第十章（与何萍老师合作完成）的编写工作；重庆人文科技学院邱倩老师负责第五章的编写工作。

著者视野有限，内容还存在诸多不足之处，还恳请各位专家、老师、同学们不吝赐教。在此深表感谢！

何 萍

2022年12月

目录

contents

第一章

融媒体与新闻采编

▶ 本章引言

随着数字信息技术的飞速发展，"互联网+"计划和国家大数据战略的实施进一步推动了我国媒体融合的步伐。

目前，报纸、杂志、广播、电视等传统媒体与互联网、通信网的融合愈演愈烈，各媒体间原本泾渭分明的界限变得越来越模糊，融媒体已成为当今媒体的一种发展趋势。加拿大传播学者马歇尔·麦克卢汉与美国的昆廷·菲奥里、杰罗姆·阿吉尔合作的《媒介与文明》（*War and Peace in the Global Village*）一书中表示：新技术扰乱个人和集体的形象，以至于产生恐惧和焦虑，新的身份寻求随即开始，任何社会都出现过这样的情况。这一点正被实践证明。随着新闻传播业务、接收终端等方面的变化，媒体组织、媒体采制也随之发生了融合，新闻采集、新闻编辑等层面较以往都发生了很大变化，从而出现了融媒体记者、融媒体编辑等新的角色。

第一节　融媒体与新闻记者

目前，在融媒体背景下，对于媒体从业者，特别是对传统媒体的新闻记者来说，他们的身份进行了一种转换，这种转换也改变了当下新闻记者的工作方式。

一、融媒体特性与要求

何谓融媒体？国内学者主要有以下几种解释：有人认为融媒体是充分利用互联网这个载体，把广播、电视、报纸等既有共同点，又存在互补性的不同媒体，在人力、内容、宣传等方面进行全面整合，实现“资源通融、内容兼容、宣传互融、利益共融”的新型媒体①；也有人认为融媒体是利用互联网的各项功能，将传统媒体和新媒体的优势进行整合，从而达到“一加一大于二”的传播效果②；还有人认为融媒体其实就是利用媒介载体在内容、宣传等多个方面实现报纸、广播等互补性媒体融合的新型媒体③。目前关于融媒体的概念还没有统一说法，但综上所述，我们可以认为融媒体是基于数字技术，进行新旧媒体互补，构建新的融文字、图片、音频、视频等多种媒介表现形式为一体的内容平台，利用不同媒介载体实现不同媒体内容和渠道的融合，并对人力、宣传、利益等方面进行全面融合的新型媒体形态。

根据以上解释，融媒体由于结合了新旧媒体各自优势，以最先进的数字技术、移动通信技术为支撑，拥有互联网、无线通信网等渠道，有电脑、手机等终端，具有传统单一媒体无法比拟的技术优势、平台优势、渠道优势和载体优势。这些优势让融媒体拥有新的媒体形态，也具有区别于传统媒体的特性。

（一）数字化生产技术融合

技术不仅推动了媒介形态发生了嬗变，还催化了多种媒介形态的融合。媒介融合的根本原因在于数字技术的成熟。2019年，阿里云研究中心发布的《2019数字化趋势报告》指出：当前数字化的应用领域正从互联网行业向政府、金融、零售、农业、工业、交通、医疗健康、物流等行业深入。其中，政府、零售业等将成为受云计算、人工智能等新技术影响最深的行业领域，在未来3~5年内，数

① 庄勇.从“融媒体”中寻求生机的思考与探索[J].当代电视，2009(4)：18.

② 崔文娟.融媒体新闻编辑创新意识与融合能力提升[J].科技传播，2019，11(9)：36.

③ 陈琛.融媒体时代新闻采编人员的职业素养探讨[J].传播力研究，2017，1(5)：149.

字化程度有望达到70%~80%。除报告中所提及的行业外,传媒行业早已进入数字化进程。在第八届中国数字出版博览会融媒体创新发展论坛上,中文集团数字出版传媒股份有限公司副总经理龙寅指出:融媒体创新的目的是找互联网要空间,向平台要流量,向受众要传播,向产业要增值。他认为,融媒体要进行数据积累,要进行数据加工,要进行联盟化运作,要进行知识服务,要进行产业融合。由此看来,数字化已被看作融媒体形成的基础。

《人民日报》正是在数字化生产转型过程中进行了媒介融合。1997年《人民日报》创办网络版,成为党报中第一家"触网"的传统纸媒,这也成为《人民日报》开始数字化转型的标志。2000年8月,《人民日报》网络版正式更名为"人民网",这不仅标志着《人民日报》迎来了报网融合阶段,也标志着媒体数字化进程的推进。

因此,在融媒体时代背景下,媒体传播的信息内容可以依靠信息化设备和网络完成数字化处理。在传统媒体中,报社只生产稿件,电台只播放广播,电视台只生产电视节目,而建立在专业化基础上,融媒体内容生产平台将大量出现,传统的传媒行业与电信业、互联网行业之间的相互兼并和重组将不断进行,在内容形态上集合声音、视频、文字和图片的多媒体数字内容逐渐成为主流。①

(二)"微"形式传播渠道融合

"微"形式传播是指以微博、微信、移动客户端等新媒体为媒介的信息传播方式。②随着信息技术的发展,日益社交化的新媒体不断滋生一些新的文化,甚至迅速汇集成强有力的能量。人们开始在新媒体平台施展才华,传播新文化。自媒体概念的出现,使得用户生产内容(UGC)受到越来越多的关注和重视,媒体的"微"形式传播已成为融媒体的特性之一。

《人民日报》结合数字化生产转型和"微"形式传播进行媒介融合,从而构建全媒体阵营:2012年7月,"@人民日报"在人民网、新浪网同步发出第一条微博,标志着官方微博的正式启用。2013年《人民日报》微信公众号正式上线运营。2014年6月,手机客户端正式上线,秉承"做有品质的新闻"理念,其界面简洁、操作简单,旨在通过手机端实现多媒体新闻播报、移动公益和移动政务三位一体的功能,为受众提供全方位的服务。

对传统受众而言,这是一种更加精确的传播形式。用户享受的是在多个设

① 李良荣.网络与新媒体概论[M].北京:高等教育出版社,2014:93.

② 黄楚新.新媒体:融合与发展[M].北京:人民日报出版社,2016:41.

备上的内容同步和“一站式”服务，使用一个接收装置就能随时随地接收、下载和收看媒体所传播内容。这种“微”形式的媒介使用模式已成为越来越多年轻人的生活方式。鉴于青年人拥有较旺盛的购买力，他们对信息个性化的需求也推动了融媒体的发展，体现了融媒体中“微”形式的个性化信息传播特点。

（三）多平台联动机制融合

顺应时代变迁，融合发展是新闻宣传质的增效，也是巩固媒体自身的必然选择。前后方配合联动，跨部门、跨媒介、跨平台的新闻采编运营模式已成为媒体集团的融合策略。在媒体融合中，通过内容资源、线下活动或者营销方式对用户数据进行整合、清洗、管理、记录以及深度挖掘、分析，跨媒介、跨平台对用户进行统一管理，为用户画像，实现多平台联动融合，建设起“中央厨房”。

所谓“中央厨房”，它是一种机制而不是机构，做的不是机构重组，而是机制再造，指采集同一个内容素材进入全媒体数据库，而媒体内各类传播渠道、子媒体根据需要对这些素材进行二次加工，生产出各种形态的新闻产品，最后将这些新闻产品按照介质特点、传播速度、传播需要，在多种媒介平台上逐级发布和传播。也就是说，通过内容集约化制作，实现新闻信息的多级开发，以提高传播效果，节约传播成本。“中央厨房”的发展理念可简单描述为一次采集，动态整合，多个渠道，多次发布。通过重塑采编业务流程、业务机制，让这个理念能够适应新的舆论环境和舆论生态。目前，“中央厨房”已成为融媒体的标志性模型。

国内关于“中央厨房”较早的尝试源于2007年《广州日报》成立的“滚动新闻部”。随后，烟台日报传媒集团成立全媒体平台，初步形成了“中央厨房”的理念和架构模型。此后，多个媒体集团都在积极建设“中央厨房”式的系统。在众多“中央厨房”建设中，最令人瞩目的就是《人民日报》的“中央厨房”。

《人民日报》的“中央厨房”被称为媒体融合的“样板间”。为了推进媒体融合的进程，2014年，《人民日报》启动“全媒体平台”项目建设，力求在新的传播格局中提升主流媒体的舆论引导力。《人民日报》的“中央厨房”以内容的生产传播为主，服务对象主要是《人民日报》内部的子媒体，也通过版权合作、技术合作等方式，向其他媒体提供服务和支援。可以说它是一个支撑优质内容生产，并为多种媒体提供服务的公共平台。

（四）新媒体思维

信息技术的发展使得传统媒体传播渠道多样化，信息呈现多元化。因此，新的传播渠道和信息呈现带来了一种全新的思维方式，影响着人们对于“新闻”“传播”的理解。因此，要想做好融媒体新闻产品还得有新媒体思维。

传统新闻信息的定向采集、单向传播、受众被动接收的传播模式，在融媒体时代已变得越来越多元化、去中心化、互动化及协同化。这些改变，为新闻报道的生产理念、生产模式及从业者角色都带来了新的挑战。融媒体背景下的新媒体思维包括用户思维、产品思维、整合思维、互动思维等。

1.用户思维

随着网络技术的发展，人们使用媒介的时间变得越来越碎片化。于媒体而言，“得粉丝者，得天下”是这个时代的生存法则，粉丝是最优质的目标受众，在注意力成为稀缺资源的当下，受众注意力很难集中在某一个媒体上。由新媒体培养起来的新一代受众群体，也从以往单向传播的被动读者转变为心理和行为都更加复杂的主动用户。他们对信息传播的速度、广度的需求都发生了深刻的变化。因此，融媒体时代背景下，确立用户思维成为首要关注的关键点。

用户思维早期应用在互联网产品设计领域，它要求时刻回到用户角度来理解问题。正如网络购物中的评论设计，需抓住用户评论时的心态，如默认为关闭“公开”用户信息，让用户更加自然、安心地进行网络评论。简单说来，用户思维就是站在用户的角度来思考问题，解决用户痛点、满足用户需求、增强与用户的联系和互动。服务要做到人性化、体验最优化，让受众在这个媒体里找到自身需求的产品和服务。

对新闻媒体而言，要将原来的读者升级为用户，首先就要对用户是谁有清晰准确的把握，要有能力获取并且分析用户的个性特征和需求特点。用户的需求和特点，喜好或者行为方式都决定了融媒体新闻产品的定位、功能设计、运营方式及商业模式。其次，根据用户的需求、特点或者行为等分析结果，再对新闻内容进行重新包装。最后，除了信息内容外，还需要进行用户的延伸服务，增强用户黏性。如果以受众为中心，那么融媒体产品提供的不再是单纯的内容，而是服务。

纵观近年融媒体新闻产品，传播渠道已不再局限于互联网媒介环境，随着数字技术、人工智能的飞跃发展，媒体可利用的传播渠道将更加广泛，传播形式将更加多样。

2.产品思维

融媒体时代，技术的发展改变了新闻生产的理念和模式。传媒人需要树立新闻产品意识，重新理解新闻产品的生产和传播过程。[①]所谓产品思维是指针对用户的某方面需求，用产品的形态来满足用户需求的一种思维模式。简单来说，产品思维也就是用营销的理念来重新包装新闻的内容，使它成为一个有明确市场定位、用户导向、商业链接的产品。当然，新闻产品需要考虑内容以外的很多要素，包括用户需求、竞争对手、市场定位、商业模式、关系维护、品牌推广等，这也是区别于传统媒体的特点之一。

如何从新闻作品转变为新闻产品？要想更好地理解新闻产品，首先要解释产品的概念。产品主要包括有形的物品和无形的服务。作为特殊的产品，新闻产品主要是指在新闻信息市场中，能够吸引用户注意力，引发其使用与消费的新闻内容或者服务。对融媒体新闻产品来说，从微观层面看，可以是一则视频、动画的新闻报道或者新闻游戏，用不同的元素组合成为一个新闻作品，由此使得新闻超越内容本身；中观层面可以是一个新闻自媒体；宏观层面则是一个融媒体平台。如果将一个融媒体作为一个产品去打造，那就是宏观层面的产品。例如人民日报客户端、央视新闻客户端等，就是将传统新闻平台进行了“互联网+”的有机拓展。

在新闻产品生产中，为提升新闻产品服务价值和营销价值，还需要一位“产品经理”。这个岗位的职责除了熟练掌握新闻产品的生产、制作流程外，还包括贯穿创意、研发、运营、推广全过程中搜集用户新需求、竞争产品的资料，预测研发产品的发展趋势，甚至包括所有产品的调研、预算、传播等等。而记者、编辑就是这位“产品经理”。对传统媒体新闻采编人员来说，难点就在于要从一个懂内容、做内容的人转变为一个懂市场、做产品的人。融媒体背景下的采编人员就得考虑用户喜欢什么样的内容，内容如何进行商业变现。总的说来，产品思维就是要确立以用户为中心的理念，把握时机，挖掘新闻产品营销机会，拓展媒体消费市场。

3.整合思维

融媒体新闻产品就是融合了文字、图片、音频、视频、超链接等多媒体的新闻形态，并在一个信息平台上进行操作，统一策划、相互协调、取长补短。融媒体时代的新闻产品汇聚了各种媒体平台之所长，用不同的信息形态，对同一件新闻事件或现象进行复合式描述与呈现。与传统媒体相比，融媒体更需要整合思维。

整合思维的提出并不是在互联网时代，早在工业时代就已经有了这样的说法。它指的是头脑中同时容纳多个观点，并从中得出汇集多方优势的解决方案。

① 陶喜红，周也馨．媒介融合背景下传媒人产品思维的养成[J]．青年记者，2021(4)：21~23.

融媒体语境下，整合思维又被称为联接思维或者合向思维，旨在把某种碎片化的信息，通过某种形式将彼此衔接起来，形成一个既包含已有模式的特点，又优于已有模式的新模式，从而实现信息系统的资源共享和协同工作。该思维的主要精髓在于通过协调多方力量达到一体化效果。值得注意的是，整合不是拼盘，不是简单地将文字新闻稿件配上图片或者电视报道再添加图文信息。整合是对传统媒体新闻报道工作流程的再造，以更好地展现新闻信息。这也要求媒体工作者对内容进行筛选、把关，重新组织、排序和包装。

4.互动思维

在社交媒体的参与下，新闻报道不再是媒体单方面的事情，而是要在媒体与受众、受众与受众之间形成交流。知晓、体验、参与、表达、生产即传播，新闻事件和社会现象本就是由公众参与其中才得以实现，让受众参与新闻生产，才可能完成完整的新闻报道。

随着技术的发展，受众从阅读新闻到体验新闻的转变，使得受众主动参与模拟新闻事件并沉浸其中，感受新闻带来的影响。

二、融媒体背景下的新闻记者

信息化时代，要实现任何人在任何时间、任何场所都能安全、便捷、高效地获取具有丰富、个性化的信息服务的目标，仅靠单一媒体的工作流程已不再适应一个数字化生产的融合时代。融媒体时代，新闻记者必须具备在不同传播平台以不同的方式进行新闻报道的能力。这对整个职业生涯中习惯一种报道方式的传统媒体新闻记者来说，是一种根本的身份转换。这种转换将根据“技术整合法则”改变新闻记者工作的方式。因此，融媒体背景下的新闻记者被称作“超级记者”或“全媒体记者”。

（一）全能型记者

由于多媒体数字技术的飞速发展，传统的新闻采集和传播方式产生了巨大变化，信息处理、储存和传播变得简单。面对同一新闻事件的报道，记者不再局限于为某单一的媒体提供新闻产品服务，记者必须掌握多媒体技术，在不同的媒体间灵活转换，提供最合适的内容产品。这也是新闻记者在融媒体背景下不得不做出的调整和变化。

1.技能方面

融媒体新闻记者要全面掌握与运用全媒体新闻采集、制作技术,具备文字记者的采、写、编、评基本能力;具备摄影记者对图片报道、现场抓拍的能力;学会电视记者的摄像、剪辑、非线性编辑等技术,以适应不同媒体的信息共享与互动。

2.运用方面

全能型记者要求全面掌握运用各种表达方式,知晓在什么情况下通过什么媒体平台发表新闻作品。记者要知道在什么情况下使用文字、声音、图片、动态影像,什么情况下使用手机媒体,什么情况下使用网络媒体。表现形式用静态的线性来表现,还是用Flash技术制作动画,是用滚动的新闻现场直播形式,还是运用新媒体与网民互动的方式。这些都是对全能型记者的能力要求。

3.思维方面

传统媒体的新闻记者与受众“一窗之隔”,一个在窗内,一个在窗外。从传统媒体记者到融媒体记者,身份转换也是必然。这个身份转换要求记者意识到原来的受众现在已变为用户,在融媒体时代,必须形成以用户为中心的思维模式,转变服务方式,根据不同用户的个性化需求,为其提供差异化的信息内容或服务。

随着融媒体的发展,全能型记者将在“全媒体记者”基础上进行拓展、扩充,做到技能、运用、思维上真正的融合。因此,新闻记者必须掌握多媒体技术,学会运用多媒体信息传播渠道,熟悉不同媒体形态的运作。

(二)信息筛选者

面对数字化时代的海量信息资源,出现了一种全新职业:信息整理者、信息调查者或摘要者。新闻记者作为幕后信息供应者角色将被弱化,融媒体记者从信息提供者到信息筛选者的变化,对新闻记者提出了新的要求。计算机的发展和普及,人们未曾想过会出现当前信息资源高度膨胀带来的信息泛滥、信息超载、信息过剩等社会问题。虽然融媒体的出现不是导致信息过剩的直接原因,但其使这一现象更为突出。

信息过剩现象的出现,海量信息混淆了受众的视听,扰乱了受众辨别信息真假的判断力,无用信息占据了人们的时间,阻碍了人们的思考,对受众来说这是一个没必要的负担。因此,融媒体的新闻记者除了生产信息,还要从海量信息中筛选出有价值的、受众感兴趣的信息,从难辨真假的信息中筛选出真实有效的信息,传递到受众面前。

（三）信息服务提供者

融媒体时代，成千上万的媒体和自媒体在不断地进行信息生产与传播。作为信息提供者，媒体一直有着多重属性，记者也应该改变过去对自身的定位，主动了解受众的需求，为受众提供大量可供选择的、准确的、时效性强的、随时随地方便快捷获取的信息。因此，记者应该对信息进行细分，针对不同受众的喜好为他们提供个性化、差异化的定制服务，与受众需求实现准确对接。

当今的信息服务不局限于提供原创性的独家新闻，在相当程度上需要依靠独家的信息加工视角、信息处理手段以及信息表现方式。融媒体之间的竞争不仅是内容之争，更是为受众提供服务的竞争。谁能够为受众提供方便快捷的信息服务，为受众提供独一无二的信息服务，为受众提供他所需要的信息内容，并通过适当的方式推送给受众，谁就赢得了受众的心。总之，新闻记者的角色从信息生产者转向信息服务的提供者。

（四）信息解读者

网络的开放性使新闻源出现后被人们迅速共享，记者获得独家新闻、争夺时效性的难度越来越大。新闻记者要想在信息的海洋中脱颖而出，必须从一个记录者、陈述者向信息的解读者角色转变。记者对新闻事实进行报道时应坚持原创性，通过独特视角、独立思考，结合自身价值观、审美观等对新闻事实做出全面、深刻、独到的解读。

首先，记者要对信息进行深度报道。在互联网里，记者对新闻事实的采集和内容编写的空间处于无限状态。也因为在互联网里，人人都可参与新闻信息的生产，受众不再满足于信息事实本身的简单报道。因此，记者必须对报道信息进行深度挖掘，做全方位的深度报道。

其次，记者要对信息进行深度阐释。网络世界里的信息过量，受众不再满足于浅显的新闻事件陈述。他们对于新闻事件的来龙去脉、前因后果，甚至新闻背景和意义都有强烈的好奇心。当下受众会从网络中获取信息，从新闻事件中获取经验教训，避免在生活中重蹈覆辙。记者应该通过对报道事实的解释，揭示出新闻事实在社会中所存在的问题和意义，这有助于受众抓住新闻事件背后的本质。

最后，记者要对信息进行深度评论。新闻事实只有一个，但观点因人而异。每个人的成长环境与人生阅历不同，对事物的认知会有差异。那么，每个记者的价值观、表达方式不同，对同一新闻事实可以从不同角度和立场给予解读，让受众多维度理解新闻事实。

总之,融媒体背景下的新闻记者不应再扮演单一的信息生产者、信息传播者的角色,他们应顺应融媒体发展需求,塑造记者的更多可能性。

第二节　融媒体与新闻采编

随着新媒体环境的变化,信息的传播方式、传播渠道随之发生改变。同时,人们的“触媒”方式也发生了相应的变化,例如将移动平台传播信息的方式比作“指尖文化的传播”。因此,融媒体背景下,新闻采编也正随时代的变化而发生改变。

一、新闻采编是讲好中国故事的方式之一

故事是人类文化的基本元素和重要标识。讲故事就是要将公众的接受心理整合到新闻报道的叙事链条中,或者说按照公众的认知心理来打造故事。“讲好故事,事半功倍”“讲好中国故事,传播好中国声音”已进入从倡导到行动、理念到实践、公示到开花结果的全面推进阶段。由此,身处基层的媒体记者、编辑,对身边事进行采编便是讲好中国故事的方式之一。

(一)为什么新闻要讲故事

融媒体背景下,新闻采编人员通过掌握多媒体技术,运用多媒体信息传播渠道,正向世界讲述着中国故事。2012年,由陈晓卿执导的《舌尖上的中国》系列节目开始在中央电视台播出。这档美食类纪录片一经开播,就引发了现象级的关注。这部纪录片讲述的是中国美食,在叙述策略上则采用了讲故事的方式。也就是说,通过讲述人的故事来呈现中国美食以及美食背后的饮食文化。

讲故事是一种普遍的产品理念,新闻叙事的目的是让深刻的社会主体在故事结构中呈现出来。2018年1月,一则关于军校学员列车让座的新闻引发了网民对于“军人该不该让座”“军人该不该优先”这样的话题讨论。随后,《人民日报》新媒体平台围绕“谁是站到最后的人”这一主题推出了一则短视频。

这则新闻紧扣热点,从侧面做出了回应:应该让军人依法优先,就像在战场上他们比我们优先一样。视频一开始弱化了军人的身份,选择了“探究‘勇气’的含义”这个主题,在视频最后亮出军人身份,这种循序善诱的引导方式,很快激起了网民对军人身份的理解。视频通过一个个关于“勇气”的问题,让人们深刻认

识到军人的牺牲精神和奉献精神。《人民日报》运用产品理念，将“军人优先”这个社会话题，采用新闻叙事的方式让军人作为主体在故事的讲述中凸显出来，讲清楚了日常生活中，军人为什么要优先这个常识问题，有效实现了舆论引导的效果。

（二）新闻采编怎么讲好中国故事

讲好故事得将故事内容讲得准确且恰到好处，既要注重采编工作细致入微，更要注重文化自信与理论自信。当前，媒体环境的多样性，使新闻采编人员必须学会换位思考，选取故事的题材必须是公众可接受的。好故事的核心以题材为主，而中华文化精神则是中国故事的精髓。故事的内容可大可小，大到党和国家的战略布局，小到街头小巷的百姓生活。

目前，我们正处于媒体融合的时代，对媒体而言，讲好身边的真实故事尤为重要。媒体的宣传内容在媒介技术的辅助下，顷刻间产生巨大影响，因此，选取的故事内容要经得起推敲，既要合情、合理、合法，还要以人为本，顺应人情。媒体记者要深入基层，结合实际生活获取鲜活的报道素材，反映社会基层最真实的状态，为社会提供民生焦点话题。

案例 1.1

聆听“好记者”的“好故事”

——写在第二十一个记者节到来之际

新华社北京11月7日电（记者白瀛　何凡）

牢记初心使命，奔赴新闻现场，见证时代风云；守望公平正义，触摸时代脉搏，倾听人民声音；感知人物温度，点亮心中灯火，讲述中国故事。

“好记者讲好故事”2020年中国记者节特别节目将于8日在中央广播电视总台央视综合频道播出。13位记者讲述他们的采访经历和故事，展现全国新闻战线在2020年重大新闻事件中的优异表现，为新中国第二十一个记者节献礼。

他们，在一线记录时代节点

今年初，新冠肺炎疫情在武汉暴发。从1月23日“封城”到4月8日“解封”，这座城市76天中的每一刻都牵动着全国人民的心。

从医生护士到急救车接线员，从医废处理站工作人员到社区居委会书记，从刚染病者到痊愈者……中央广播电视总台记者董倩记录着当时这座城市的点点滴滴。"我要做的，就是把我看到、感受到的这一切，从这座自我隔离的城市中传播出去，让更多的人同样能看到、感受到。"

全身心投入报道，感知新闻事件的锐度、深度和温度，是新闻工作者的共同追求。

把生的希望留给他人而自己错过救治的医院院长，赶不及防护就进病房抢救的重症病区值班医生……人民日报社记者吴姗讲述了她的前线经历，眼中的泪水化作指尖的报道。

湖北日报社记者柯皓分享了他在武汉江汉方舱医院抓拍"读书哥"的故事。"他消瘦的身体，在这一瞬间传递出了强大的力量。让我们看见的，是武汉这座英雄的城市和英雄的武汉人民，面对疫魔的镇定和从容。"柯皓说："在这场抗击疫情的'武汉保卫战'中，镜头既是我的武器，也是我的眼睛。"

新闻人永远在现场

疫情期间，新华社湖北分社记者熊琦十多次进入"红区"采访，希望尽可能多地贴近现场，并记录下除夕夜武汉大学中南医院的重症隔离病房。

"唯有怀着赤子之心，用责任和担当守望新闻理想，用青春与热血践行'四力'，才能做好这个伟大的时代的记录者，才能无愧'记者'二字被赋予的无上荣光！"他说。

他们，用报道传递人民心声

"国家保护动物偷吃了农户地里的种子，谁来赔？""政府安置房为什么会变成D级危房？"江苏省广播电视总台记者王瑾锦讲述了一次次用平等对话和理性交流推动政风行风变革的故事。

对新闻工作者而言，只有担当党的政策主张的传播者、时代风云的记录者、社会进步的推动者、公平正义的守望者，才能与受众一起跨越千山万水，触摸时代的脉搏。

解放军新闻传播中心记者孙伟帅讲述了两个特别军礼的故事：扫雷英雄杜富国空荡荡的袖子在空中划出一道弧线，"人民功臣"张富清用力站直身体向年轻战友庄严回礼。"军人，就要时刻把使命扛在肩上。"

他们，用行动讲好中国故事

从"北斗"到"天问"，从珠峰高程测量到5G时代加速到来，每一次国家壮举的背后，都有新闻工作者尽力讲好中国故事、传播好中国声音的身影。

陕西广播电视台记者薛嘉茜讲述了国测一队两代人三位攀登者的故事。"他们不畏山高路险，泯笑生死一线，将一个个奋勇攀登、越是艰险越向前的中国身影，留给全世界，也留在你我心间！”

长城新媒体集团记者高航讲述了“飞机吃火车”的故事——中车唐山公司在不可抗力的影响下不计成本，用飞机运火车，准时交付。“这是中国承诺的印证，更是大国责任的担当！”高航说。

新闻记者，常常展现祖国不断繁荣富强的风貌，在复杂的舆论环境中乘风破浪。

在敦煌骑着骆驼向海外受众讲述丝绸之路的故事；在全国两会上用Vlog展现特殊之年的中国政治盛会……新华社记者商洋在和海外网友的交流互动中，感受到了他们对中国的关注和赞叹。“向世界展现一个真实、立体、全面的中国，我感到使命的艰巨与光荣。”①

实际上，在讲述一个个动人故事的背后，是各位新闻采编人员深入基层一线、融入人民群众采访报道的新时代中国好故事。他们用镜头和文字，真实记录国家和社会的点滴变迁，关切老百姓的“衣食住行”，他们就是新闻记者。记者不是冷冰冰的记录者，而是用情用心使社会变得更好的参与者。

二、融媒体对新闻采编的要求

融媒体正改变着人们的“触媒”方式，影响着人们的生活。传播方式、传播渠道的改变使得媒体对新闻采编的要求也发生了变化。

传统媒体往往需要经过写稿、编辑、签发、排版等一系列烦琐的流程，时效性不及互联网媒体平台。而融媒体时代，信息传播的时效性、互动性更强，这些特性使信息能够更加便捷、快速地到达受众，同时为受众主动选择信息提供便捷。此时，新闻采编从业者在运用多媒体技术对新闻事件进行采编时，应该如何做好新闻呢？

（一）学好新闻专业知识，坚持新闻真实性原则

融媒体时代，不同平台对同一则新闻的报道出现差异不足为奇，一旦受众无法获取真实信息，对信息内容产生疑惑，甚至对发布信息的媒体提出质疑，就会造成媒体公信力下降。此时，受众通常选择通过传统媒体获取权威信息，以便了解新闻真实情况。

① 案例选入时文字有删改。

融媒体采编人员应该学好新闻专业知识，坚持新闻专业主义，杜绝在采访、编辑过程中因缺乏学科专业知识而传递出不确定性信息，在追求时效性的同时，坚持新闻内容真实性原则，最终做出更加专业的新闻报道。

（二）做好信息产品多次开发与整合

融媒体背景下，新闻实现了一次采集、深度开发、多次利用，多平台内容整合，信息得到多层次、多角度、全方位的传播。

受众可以通过各种传播渠道随心所欲选择媒体，以自己最喜欢的方式获取信息。由于受众消费观不同，不同平台有不同受众，不同平台特征也决定了受众的信息接收特征，而媒体平台的运营方式又决定了受众的信息接收方式。因此，媒体产品要最大限度地覆盖受众达到最好的传播效果，就必须针对不同受众的喜好、信息接收习惯，依据不同媒体的优势来进行信息产品的二次生产、传播和整合。

（三）掌握多种媒体技术，展现创新意识

融媒体建设初期，首先是不同媒介之间的技术融合。实际操作中，记者会将采集并制作好的多媒体文本如文字稿件、图片新闻等汇聚到融媒体编辑部，然后由编辑通过多媒体编辑软件，结合媒体渠道特性、受众接收方式，针对性地发布符合各媒体平台特征的信息。因此，编辑必须学会运用多种多媒体编辑软件。

在新闻事件报道过程中，新闻报道策划是编辑对新闻资源进行合理规划与利用，从而达到最佳传播效果的过程。因此，在融媒体平台的新闻采编从业者一定要充分激发创新能力，通过多媒体技术对新闻形式、新闻内容等做好整体把握、重点创新，不断增强融媒体发展活力。

（四）提升新闻采编从业者的综合能力

同一新闻事件，前往新闻现场的记者发回两种以上媒介形式的稿件，同时编辑将记者发回的稿件进行综合或分发，供多种媒介使用，实现了资源共享，降低了信息生产成本。因此，同一个新闻现场需要记者进行多媒体新闻信息的采集与制作，如遇到大型媒体事件，一个人的精力有限，这时候还需以小组形式进行采编。小组里的编辑不仅要熟悉各种不同媒体的传播优势与特点等业务知识，还要具有策划、统筹、协调的能力，合理分配新闻资源与人力资源，实现新闻的“一次采集、动态整合、多个渠道、多次发布”，有效降低生产成本，提升媒体的综合影响力。

本章小结

本章我们主要学习了融媒体特性与要求、融媒体背景下的新闻记者、新闻采编是讲好中国故事的方式之一、融媒体对新闻采编的要求等内容，全面认识了融媒体赋予记者、编辑新的角色。同时，我们应清晰地认识到融媒体新闻记者在进行新闻报道时不再是单一的信息生产者和传播者，他们需要以多媒体手段完成信息采集、信息加工，根据不同平台特性，完成多平台信息发布，满足受众个性化需求。因此，融媒体的新闻记者需要提升自己新闻采编的综合技能，成为融媒体中的"超级记者"。

第二章

记者与新闻

本章引言

传统媒体时代,记者仅是一位记录者:用文字记录新闻,用图像记录现场。随着新技术、新传播平台的涌现,原来记者工作中仅用一种符号进行新闻信息记录和传播的方式,已经不能满足融媒体时代的新闻传播要求。当今媒体格局发生着深刻变化,舆论生态也纷繁复杂,无论是新闻产品的呈现形态,还是媒体传播平台的整合发展,都发生了极大的变化,“全天候”“全媒体”成为当代记者的必备素养,记者不光要有脚力、眼力、脑力、笔力,更要有信息资料分析思辨能力、新技术操作能力、新媒体运营能力。

第一节　记者是时代记录者

记者是和时代联系最紧密的人，他们见证着社会前行的每一次跨越，记录着时代变迁的每一个节点。新时代征程中，记者记录着改革开放40周年、全面建成小康社会、中国共产党成立100周年等重要历史时刻，这都成为新闻人大展身手的舞台。

一、记者职业态度和价值观

一个人的价值观会受其所处社会历史条件、社会地位、教育水平等诸多因素影响。职业态度是在从业过程中，根据职业的需求，表露出来的心理情感。社会思想意识多元与媒体深刻变化的格局，对记者职业态度和价值观提出了更高的要求。记者作为采集、传播和评论新闻事件的传播主体，其职业态度和价值观会影响新闻报道的舆论导向。同时，在融媒体时代，信息的传递不再局限于传统的单一媒体，记者也将顺应时代发展，成为新时代的记录者，其职业态度和价值观对新闻报道导向性的影响变得更为重要。

（一）树立正确的价值观

价值观是一个人对社会的一种自我认知。新时代的记者，树立正确的价值观尤为重要。“铁肩担道义，妙手著文章”早已成为中国每一代新闻记者的铁律，成为记者心中的光荣与梦想。有人说：新闻媒体没有“官位”和“官帽”。的确如此，不管身居何位，身处何职，只有热爱新闻、拥有真才实学的人才能在新闻媒体里找到生存和发展的空间。

案例 2.1

“深圳最美女孩”

【事件过程】2013年3月，一篇名为《深圳90后女孩当街给残疾乞丐喂饭》的新闻报道在网络中热传。一名满头白发的老人盯着快餐店里的盒饭直流口水，被一名过路的女孩瞅见了，女孩当即买来盒饭，并单膝跪地将饭一口一口喂进老人的嘴里。这位被誉为“深圳最美女孩”的主人公出现在25日中新社的一篇报道中。报道称，记者采访时偶遇这一幕，女孩叫文芳，湖南新化人，出生于1991年。被救助的老人则口齿不清，双手患有残疾。该报道被《人民日报》等多家媒体官网转发。但一天后，有媒体人称这是条假新闻，还有网友质疑乞丐身份。

【事件回应】《京华时报》记者联系到采写该报道的通讯员石金泉。据其称，他在东门老街和欢乐海岸两处都拍过照片，是自己传图时标注的信息有误，并非制造假新闻。但记者发现，在接受核实的过程中，石金泉有多处说法不一致。石金泉称，事发时老人因为手抖，根本端不住正在吃的面，文芳看到了，觉得老人很可怜，面没有多少了，就干脆又去给老人买了一碗。这与报道不相符。据石金泉回忆，从罗湖区东门老街到南山区欢乐海岸，他跟拍了整个救助的过程，石金泉在开始称，女孩陪老人步行寻找乡亲。记者查询发现，两地相隔较远，步行需要近4小时，这与其介绍的“下午4点出发，5点到达”并不相符。当再次被问及，石金泉则改口称，3人系搭乘地铁罗宝线，女孩帮助将近70岁的老人买票。

记者提出联系文芳本人，石金泉以“女孩情绪不稳定，不愿接受采访”为由拒绝。因此，关于事件当事人的说法，记者未能核实。但《京华时报》记者查询发现，该新闻来源于中国新闻社，署名记者郑小红的职务是该单位广东分社副社长、深圳支社负责人。记者电话联系到郑小红本人。郑小红强调：“这篇报道肯定是真的，我们第二天还在打电话核实老人的安置情况。”

对于网络质疑，郑小红解释称“地点信息是系统自动生成的，我们也没有检查”。当被进一步询问，郑小红才道出实情，“稿子是通讯员写的，我们当时没在现场。”郑小红还表示，她不打算公开出面解释。

【事件后续】南方都市报微博透露，经驻深圳记者求证，整个行为是某商业公司的炒作。据记者转述，东门新园路出口的报刊亭老板看到了照片拍摄的过程。报刊亭老板告诉记者，两个人摆拍了几分钟，个子瘦小的男子还走到附近麦当劳二楼的窗口拍摄全景。由于东门新园路出口比较繁华，有多人看见当时的情况。女孩喂了几口饭，一瘦小男子来回拍了几张照片，然后一起走了。①

上述案例中，女孩本被视为“正能量”的代表而被广泛传播，被冠以“深圳最美女孩”，但最后人们发现这是一家商业公司为了商业利益的一次刻意炒作。真相被揭穿后，背后操纵者消费了公众的爱心，加剧了社会的不信任度，损害了媒体的公信力。

不正确的价值观往往会导致新闻工作者疏于内容核实和审查把关，传播虚假新闻，这不仅会造成公共伤害，还会削弱媒体公信力。

① 案例根据《京华时报》《中国青年报》等媒体相关报道整合。

（二）具有社会责任感

记者，桅杆上的瞭望者。中央人民广播电台记者王亮认为：干新闻是良心活，新闻的投入是无底洞，有的时候会推倒重来，有的时候会否定自我，这会很痛苦。但这个职业值不值得付出，舍不舍得付出，也是在拷问良心。新闻记者的责任感不是自封的，而是通过具体的新闻报道直接或间接折射出来的。有了责任感，记者就会大力传播社会主义核心价值观，弘扬主旋律，传播正能量；有了责任感，记者就能积极开展新闻舆论监督工作，揭露社会丑恶现象，针砭时弊，为群众实现诉求和根本利益发声。因此，记者要积极开展政治理论学习，使新闻报道始终坚持正确的政治方向，同时强化政策意识，站在政治的高度明确新闻价值选择的标准。

案例 2.2

【“新闻”】2018年7月19日，《鲁中晨报》刊发《淄博从未进过长春长生生物生产的疫苗》，报道称：被爆出狂犬病疫苗生产过程中存在记录造假等行为后，长春长生生物科技有限责任公司2017年曾生产过问题百白破疫苗一事又被旧事重提。记者从相关行政部门了解到，淄博没有进过该企业生产的疫苗，市民不管是接种百白破疫苗还是狂犬病疫苗都是安全的。

【真相】《鲁中晨报》的报道见报后，有淄博市民很快晒出了自己孩子的接种记录，可以清楚看到曾三次接种长春长生生产的疫苗，接种地为淄博新区预防接种门诊。7月22日，《鲁中晨报》微信公众号发布致歉声明《我们错了，诚恳道歉！》：本报7月19日7版刊发的《淄博从未进过长春长生生产的疫苗》一文，经调查，已认定该信息不实、报道有误。本报采编环节对采访到的相关信息，没有进一步求证核实，把关不严，误导了读者，我们诚恳道歉并引以为戒。目前，鲁中晨报社已经启动问责程序，将对包括总编辑在内的所有责任人进行严肃问责。①

案例中，记者采访的行政部门应当是掌握这些信息的权威部门，该部门却提供了当地没有进过问题疫苗的信息。一般说来，政府部门提供的信息是具有权威性的，所以对官方信息一般应该如实报道。但是，媒体有必要适当报道其他来源的消息，以使受众更加全面地了解情况，为群众实现诉求发声。

① 年度虚假新闻研究课题组：白红义，江海伦，陈斌.2018年虚假新闻研究报告[J].新闻记者.2019(1):4~14.

(三)提高专业技能

在新闻从业过程中,记者在掌握新闻写作的基本技能基础上,增强“脚力、眼力、脑力、笔力”,从新闻稿件的言语技巧、镜头清晰度的捕捉、前后期的拍摄、新闻稿子的撰写等方面进行专业技能训练及提升。随着社交媒体的发展,人人都可以成为发布新闻的“记者”。那么,专业记者就要做出有事实、有深度、有力度,更具有吸引力、影响力的新闻作品。因此,在信息技术快速发展的背景下,记者需要提高专业技能。

融媒体时代,新闻记者越来越讲求“多技能化”、一人多工的情形。简单的听、说、读、采、写、编、评等技能已远不能作为一名合格记者的基本条件,而能操作Photoshop、Premiere、HTML5等软件成为当今记者必备的技能选项。

例如对港珠澳大桥的报道中,我国各大媒体以不同的报道路径和方式,综合文字、图片、音视频、H5以及纪录片等多种媒体形态,打造出了诸多优秀的融媒体新闻作品。

2018年10月23日新华社客户端发布题为《一桥越沧海——写在港珠澳大桥开通之际》的图文报道(图2-1、图2-2)。

图2-1　2018年7月11日无人机拍摄的港珠澳大桥(新华社记者梁旭　摄)

图2-2　2018年10月20日港珠澳大桥西人工岛隧道口(新华社记者梁旭　摄)

2018年10月22日，中国日报网刊发一则题为《图解丨一图读懂“桥界珠峰”港珠澳大桥》的报道。该报道内容高度凝练，将其概括为“7项世界之最”“3项黑科技”，并用动态图示元素展现建设到建成的里程变化。

2018年10月，新华社客户端发布一则题为《超级工程！“洋记者”行走港珠澳大桥，看完想不想自驾游？》的文章。它包含了视频、图片、文字等多种媒介形态。其中，5分钟左右的视频中除了人物采访，还采用模拟动画来展现大桥全貌（图2-3）。

图2-3 新华社客户端报道视频截图

融合新闻报道中，记者应秉持一颗平常心，掌握多种媒介形态的技能与技术，让客观真实的新闻事件以更加快捷、更符合受众喜好的信息获取方式，提升信息到达率，以此达到预想的传播效果。

（四）顺应时代变化

新闻实践中，记者应紧跟时代步伐，主动接受新鲜事物，以便能够掌握更多渠道发现新闻线索。

从大众文化传播角度看，记者应主动了解当下的流行文化。如流行的网络综艺节目、短视频App等。了解流行、懂得流行，才会对流行的东西有正确的思考态度。所谓的流行，也就是社会中较为盛行的事物，是普通受众普遍关注的事物。用受众所喜爱的平台传播信息，将是信息传播多样化与稳定的完美结合。如《主播说联播》，这是由中央广播电视总台新闻新媒体中心推出的短视频栏目。该栏目的内容密切关注热点，结合播出当天重大事件和热点新闻，用通俗、幽默、诙谐的语言，传递主流媒体的声音。

案例 2.3

2020年6月4日，《新闻联播》抖音账号的《主播说联播》栏目发布一条以“农民夫妻‘魔性’舞蹈走红，康辉：爱生活，这才是生活真正需要的态度！”为主题的短视频（图2-4）。面带笑容的主播康辉，用亲切的语气解读着网红夫妻“魔性”舞蹈，视频最后进入主题的升华部分。

节目一改以往《新闻联播》严肃的风格，用幽默轻松的语言进行表达，顺应人们获取信息的习惯和方式，拓宽了传播渠道，提高了信息传播效果。

图2-4 《主播说联播》视频截图

在新媒体时代，媒体从业者应顺应时代发展，应用受众所喜爱的平台进行新闻传播，用通俗易懂、诙谐有趣的语言传递新闻事件，这将大大提升新闻的传播效果。

二、记者专业主义精神

新闻专业主义源于19世纪中后期的美国，随着政党报纸解体和媒介商业化、煽情化的出现，新闻专业主义兴起。学界曾对新闻专业主义做出界定：新闻专业主义包括一系列定义媒体社会功能的信念，一套规范新闻的职业道德，一种受政治和经济权利支配的更高权威精神，以及一种服务于公众的自觉态度[①]。

新闻专业主义有三个特点：真实性、客观性、独立性。真实性要求媒体机构或者新闻记者在从事新闻报道时要实事求是，真实地报道所发生的事件；客观性和独立性要求媒体机构或新闻记者在做必不可少的选择时，按照“新闻价值”的中立、客观标准进行取舍，客观地报道新闻内容，从而提高自身的专业影响力。

随着社交媒体文化的不断发展，人们得以跳出主流媒体主导的框架，可以随时随地发布“新闻”信息，新闻专业主义受到了来自“个人”新闻的挑战。但是，这些个人“新闻”的真实性值得怀疑。传播载体上时刻承载着海量信息，有些对同一事物有着截然不同的评价和看法，那么真相到底是什么？此时，媒体记者的新闻专业主义精神就显得尤为重要。

① 苏雪峰.探析融媒体时代传统报纸写作如何突破困境[J].传媒论坛，2019，2(19)：98~99.

案例 2.4

重庆万州公交车坠江事件

2018年10月28日上午，重庆万州区长江二桥上发生一起交通事故，一辆公交车与一辆轿车相撞后，冲破护栏掉入长江。

记者从重庆市公安部门获悉，现已确定事发时间为28日上午10时左右，从长江二桥冲下坠江的公交车已确定为一辆当地22路公交汽车。

记者从万州区应急办获悉，公交车坠江前曾与一小轿车发生相撞，系一小轿车女车主驾车逆行导致，目前相关部门正全力搜救。

据万州区交巡警支队通报，私家车女司机已被警方控制，正在医院接受治疗。

据新华社消息，该公交车（车内人数待查）由万州区江南新区往北滨路行驶，当车行驶至万州长江二桥桥上时，与一辆由城区往江南新区行驶的小型轿车（车内只有驾驶员）相撞，造成公交车失控冲破护栏坠入长江，小型轿车车辆受损。

记者了解到，事故现场位于万州区长江二桥中段，道路全宽20米，双向四车道，设有道路中心实线。

据央视新闻报道，下午1时许，现场已打捞出两名遇难人员遗体。车辆实载人数尚待核实。

据现场参与救援的重庆蓝天救援大队指挥人员骆明文介绍，通过声呐设备，已发现公交车沉江位置疑似点。

……

本事件最开始由不明真相的“路人”用手机拍摄为短视频在社交平台上公开发布，视频中还伴有事件“解说”，提到“女司机”一词，以及由“女司机”带来的刻板印象。多家媒体也争先对其进行报道，并配有事故现场图，导致传播的信息严重失实。这则消息一经报道，网络上指责女司机的言论不断发酵，给这位女司机的日常生活带来极大困扰。然而，警方对事故现场进行调查后，通报本次事故系公交客车在行驶中突然越过中心实线，撞击对向正常行驶的小轿车后，冲上路沿，撞断护栏，坠入江中。官方通报一经发出，网络舆论又倒向女司机。这并不是新闻反转，而是严重的新闻失实事件，也印证了不是谁都能成为记者，不是谁都有记者的专业主义精神。

在社交化媒体的时代，许多不了解事件真相的个体均可通过各种媒体表达对事件的看法,但他们并不真正了解事件真相。这也预示着“后真相”时代的到来,对新闻记者专业主义精神是一种新的挑战。

第二节　新闻可以解决受众心中的痛点

作为新闻从业者,只做时代记录者还远远不够。融媒体时代,新闻还得解决受众心中的痛点。何谓受众痛点？简单说来就是受众的某个需求点。当一个人的理想状态和现实状态分离时,会产生问题空间,而所谓的痛点就分布在问题空间中。生活中,人们会不断调整自己的理想和现实状态,其间存在一定空隙,即理想状态提高了,现实状态降低了。

例如买卖二手车的过程。因为长期以来都有中间商赚差价,消费者虽然不想交钱,但是也习惯了。直到二手车平台推出不赚差价的模式,这就让消费者的理想状态立马提高了,原来是可以不交这笔“差价”费用的。如果再交差价,就必然会引发问题空间,从而产生痛苦。不赚差价的买卖二手车平台就是抓住了消费者“不交差价”的这个痛点。又如在美图秀秀上线之前,大部分的图像处理软件(如Photoshop)都专注于提高处理图像的性能,但往往忽略用户的易用性,于是“易用性”成为用户的痛点,抓住这一用户痛点,提高易用性的美图秀秀就取得了初期的成功。

一般说来,传统新闻报道宏大的新闻话题时多采用报纸、电视、广播等渠道,图文风格非常严肃,受众已经习以为常。而对于融媒体时代背景下的新闻来说,越是宏大的新闻话题,越是需要从受众角度出发,抓住受众心中的痛点,以更接地气、更具人情味的操作手法来演绎。成功的新闻作品一定会解决受众的一个或者多个痛点。

一、构建新闻价值的要素

新闻报道中,新闻价值极少被鲜明地表露出来,因而必须到字里行间去寻找。如果一则新闻故事讨论的是公认的不适当的某些活动,而且对它的描绘包含了负面意味,那么这则新闻故事也就含蓄地表达出有关“什么才是适当活动”的价值判断。新闻是由事实构成,但不是每一个事实都能成为新闻,也不是每个事实都能引起公众的兴趣。什么时候、什么事实、哪个方面需要进行重点传播,需要记者在采写新闻时,对事实进行新闻价值判断。

所谓新闻价值,就是历代新闻工作者用以判断什么样的事实可以构成新闻,什么样的新闻能够胜过另一些新闻报道的尺度。[①]新闻价值是选择和衡量新闻事实的客观标准。判断一件事实是否能够成为新闻,就需要以新闻价值去衡量。

(一)时新性

注重新闻的时新性是记者的第一要务。在日趋激烈的媒体竞争环境下,新闻成为“易碎品”。因此,新闻必须迅速及时并且一般不做隔日报道,尤其是商业情报、军事情报和金融、经济信息等。

此外,多数社会新闻也同样强调新闻的时新性。时新性即事实应当是新近发生的,包括新和近两层含义。新闻报道就是要以最快的速度把最新的事实告诉受众。在新闻报道中,如果所报道的事实时过境迁,则要从新闻事件发展过程中努力挖掘全新的新闻依据。如某城市轨道交通触发故障,引起一场交通事故,这样的新闻必须给出及时报道。在强调新闻时新性时,应兼顾新闻的时宜性,以凸显新闻的社会效益。

当然,在互联网发展成熟的当下,需要注意的是新闻的时新性不能以牺牲新闻的真实为代价,不能为了抢新闻而违背新闻真实性原则。上节内容中讲到的“重庆万州公交车坠江事件”中,媒体根据网络传播的信息进行报道,导致不实信息迅速传播开来。也正因此,有的媒体面对突发事件时,为了争抢新闻时新性,使新闻报道在未经核实的情况下而在网络中发酵,后果不堪设想。

总之,真实是新闻的生命,也是新闻的底线,不能让真实成为时新性的牺牲品。在不确定事件真实性的情况下,记者与编辑应该谨慎核实,宁可放慢传播速度。

(二)重要性

重要性指国内新近发生的重大事件,即影响大、为人们普遍所关注的事件,包括政治、经济、军事、文化等领域。

社会新闻中不乏重大新闻的存在。这些新闻事实具有震撼人心,能在某种程度和范围内产生较大影响的特质。某一事实与越多的人有关系,并且这种关系越深越大,就越具备重要性。重大的事件发生时,也是生产优秀新闻作品的好时机。重要性是新闻价值的核心要素。

① 李珮,李韧.新闻采访与写作教程[M].法律出版社,2016:7.

案例 2.5

创造港珠澳大桥的“极致”

世界最长海底隧道“最终接头” 二次“精调”实现毫米级偏差

本报讯(记者陈新年 廖明山)

港珠澳大桥海底隧道工程近日完成“最终接头”的安装,已经可以步行穿越了。昨天,记者来到这条世界最长的海底隧道采访,除了兴奋之外,还得到了一个令人震惊的消息:在“最终接头”成功安装后,还进行了一次耗时34小时“返工”式的精密调整,最终误差缩小到了“毫米”,建设者们说:“我们没留遗憾。”

港珠澳大桥海底隧道是世界最长的海底深埋隧道,沉管总长度5664米,由33节混凝土预制管节和1节12米长的“最终接头”组成。其中,“最终接头”所采用的“小梁顶推”技术和装备为自主研制并属世界首创。

5月2日,“最终接头”在10多位外国专家和99名媒体记者的见证下,在28米深的海水中实现成功安装,南北向线形偏差控制在正负15厘米的标准范围内,实现了“日出起吊、日落止水、滴水不漏”的奇迹。

欢呼祝贺过后,最终接头的线形偏差引起了争论。3日早上,中国交通建设股份有限公司总工程师、港珠澳大桥岛隧项目总指挥林鸣提出了一个大胆的想法——重新安装调整。

“这么好的结果,我反对再调整!”决策会上,“最终接头”止水带供应商荷兰特瑞堡公司工程师乔尔表示,“虽然止水带仍然可以再压缩一次,但是为了精调一个方向,就可能将这些来之不易的完美重新置于不确定性之中,一旦发生碰撞,不仅损失超亿元,甚至会造成重大事故。”

上午10时许,多方讨论的结果是“偏执”占了上风。乔尔被这些为了精益求精而甘愿承担极大风险的中国工程师的情怀所感动,他感叹“这是一个非常艰难的决定”。

4日晚8时43分,执着的大桥建设者经过34小时的奋战,将“最终接头”的线形偏差成功缩小到东侧0.8毫米、西侧2.5毫米。

“这就是我想要的结果”,一天没上厕所、连续34个小时没合眼、指令发出上万次的林鸣终于笑了。“在我参与的15座沉管隧道建设中,这个是最棒的,没有之一,港珠澳大桥是世界造桥技术的最高体现”,乔尔感慨万千。

荷兰隧道工程咨询公司TEC是世界沉管隧道领域的佼佼者,曾笑称“中国企业不会走路就想跑”。5日,该公司发来贺电,向精准完成这一世界级难度安装的工程建设者们致敬。贺电中说，中国建设者的最终接头施工方案，是对世界沉管隧道技术的重大贡献。①

这篇报道在第28届中国新闻奖的评选中荣获消息类一等奖。作为离大桥最近的珠海媒体，率先穿越海底隧道体验。在采访中，建设者们透露了一个鲜为人知的惊天秘密：被称为交通界“珠穆朗玛峰”的港珠澳大桥海底隧道，它的关键性工程被“最终接头”建设者们二次“精调”，最终误差缩小到了毫米。在全国各大媒体关于大桥的海量报道中，独家报道了这一鲜为人知又惊心动魄的伟大创举。

(三)显著性

显著性指新闻事件中所涉及的人物、地点或新闻事件本身地位显著，具有引人注目的特质。人物或事件越具有引人注意的特质，新闻价值就越大。人物显著，即名人新闻。在融媒体技术不断成熟的背景下，人们的注意力往往很容易被公众人物或新闻人物所吸引，公众人物本身也必须纳入公众和新闻舆论的监督视野范围内。那么，普通人不具备显著性，能否抓住受众心中痛点呢？当然可以。如果普通人做了不普通的事，由于事件所具有的显著性，也便构成了新闻价值。

案例 2.6

【奋斗者　正青春】青藏铁路：海拔4500米的电力检修队

央广网西宁5月29日消息(记者汪晓青　通讯员周贺)

平均海拔4500米以上，最低气温零下40摄氏度，氧含量只有海平面的50%~70%，紫外线强度相当于内地的2~3倍，昼夜温差27摄氏度，全年防寒期长达9个月……这里是青藏高原清水河。

在这样极端艰苦的自然环境下，青藏集团公司西宁供电段清水河电力车间承担着青藏线格尔木南山口至唐古拉沱沱河南北延伸近500公里范围内的铁路电力线路、基站线路及变配电室的电力运营维护工作。

5月27日清晨7点，一阵清脆的铃声响彻整个工区，清水河电力车间一行11人整齐列队，清点工器具上车，奔赴远在100公里外的曲吾开始一天紧张忙碌的集中检修作业。

① 陈新年，廖明山．创造港珠澳大桥的“极致”[N]．珠江晚报，2017-05-11，选入时文字有删改．

“今天的检修任务是曲吾到秀水河区段，海拔在4500米以上，大家提前把红景天口服液喝上。”清水河车间主任韩清在车上提醒大家。

清水河地区常年干燥寒冷，四季风雪肆虐，即使是三伏天有时也会飘起雪花，年平均气温零下10摄氏度。在这里，就连简单的行走都会让人胸闷气短。经过一个多小时的颠簸，小队到达集中修检起点曲吾，因为不久前刚降过雪，一下车，大家不由得打了一个寒战。

18米的铁塔，他们只花了不到一分钟就爬到了顶端，系好安全带就开始检修作业。铁塔上空间狭小，安装的电力设备与铁塔之间有一定的安全距离，不便于检修，电力工全身支点仅在安全带上，全身悬挂在半空，尽全力完成设备检修任务，同时，还要一边移动安全带，一边紧固螺栓，有时要趴在横担上观察铁塔的绝缘子串上的螺栓有没有松动。

虽然已经5月末，但清水河地区冷风刺骨，气温徘徊在零度左右，安全帽内风呼呼地灌进来，有时双手被冻得失去知觉。

一个“天窗”作业下来，每一名电力线路工使用脚扣在9~11个18米的铁塔上攀爬作业，这样的检修作业要一直持续到9月末。

“韩主任，你来清水河几年了？”

“已经9年了。”

“这里这么苦，为什么不换个地方？”面对记者的疑惑，韩清憨厚地笑了笑，“再苦总得有人做嘛，再说了，铁路安全，乘客才安全。”①

关于青藏铁路，人们可能熟知，但青藏铁路上的工人们，人们不一定都清楚。他们的工作环境存在着巨大的生存挑战。在报道中，人们可以清楚地了解到由于天气、海拔等因素，青藏铁路的电力检修工作难度非常大，然而有一群普通人常年在这样恶劣的条件下辛勤工作，正展现出了普通人在干着不普通的事。

（四）接近性

新闻传播的一个重要特点是环境。这与媒体的发行范围和覆盖领域有极大关系。新闻报道的传播，首先考虑的是受众，那么，新闻与广大受众之间关系的密切程度便显得至关重要。接近性是指新闻与受众在地理、心理、性别、年龄、职业等方面的关联程度，这也是新闻报道必须关注的内容。

---

① 案例选入时文字有删改。

（五）趣味性

趣味性实际上也是反常性，但我们强调的趣味性和西方的反常性是不同的，我们说的趣味是人情味。人们生活中的很多内容，如爱情，婚姻、家庭、友情都充满了人情味。即使西方新闻界对趣味性的理解不同，但一般都把社会学所研究的内容，如道德伦理、婚姻、家庭、金钱和人间真情等作为趣味性的主要内容，因为它们富有人情味，容易激起读者的多种情感，从而引起强共鸣。

案例 2.7

"见字如面"23年

（记者康劲　通讯员黄贵彬　马勇强）

"全忠，2月14日，咱们一家三口站台上见。"这是一本普通家庭日记本上的留言。这样的日记一写就是23年，用掉了12本日记本，留下6820多条只言片语，长达24万余字。

写下这段留言的妻子叫任亚娟，是兰州铁路局兰州客运段武威南车队队长。丈夫李全忠，是兰州客运段宁波车队副队长。虽然同在一个单位上班，但因为从事不同车次的客运管理工作，夫妻两人在家碰面的机会少之又少。1995年，两人步入婚姻殿堂不久，甜蜜的家庭生活就被忙碌的工作带走了——夫妻二人一个值乘北京列车，一个值乘乌鲁木齐列车，每隔3周才能相聚一次。

"那时候哪有手机、微信这么方便的沟通平台？我们就把家里需要办的事情都记在日记本上交代给对方，一来二去，日记本就成了我们两人之间最主要的沟通纽带。"任亚娟回忆说，他们出乘回家后的第一件事，就是看看日记本有没有留言。"看到了熟悉的文字，就像见到了本人一样。"丈夫李全忠这样形容。

23年，经历了传呼机、手机等不同的通信工具，但是所有的一切似乎都比不上"见字如面"的纯情与质朴。随手写下的留言，笔笔写出的爱意，期待与牵挂，相知与守候，与子偕老的"家庭心灵史"尽在其中。

每到春运、暑运和黄金周，正是家家团圆或是休闲度假的时候，但对于这对夫妻来说，却是最繁忙的时候。女儿李卓蔚，已经21岁了，在她的记忆里，一家人却没有一起过过一次春节。

任亚娟的父母去世得早，公婆也在客运段上班，李卓蔚很小就没人带，平时只能将女儿寄放在邻居家，到了春节就送到陕西姨姥姥家。"别人家的小姑娘都是捧在手心里养，我们却是‘散养’，真是觉得对不住她。”一提到女儿，任亚娟的眼里总是泛起泪花。

懂事的女儿不仅没有埋怨过父母，还做起了他们情感的“联络员”。她在家庭日记本上识字、认字、写字，渐渐地也开始留字。

高三那年，学校开家长会，夫妻俩都在列车上值乘检查。李卓蔚既没打电话也没发短信，在家庭日记本上写下了一条留言：“爸妈，后天要开家长会，我英语竞赛考了全校第2名，想着让你们看看我的成绩！”

3天后，出乘回家的妻子任亚娟一进家门就发现这条留言。“觉得自己这父母当得太失职，孩子都长这么大了，可我们参加家长会的次数却屈指可数。”任亚娟低头抚摸着家庭日记本，心里泛上一阵酸楚。

忙碌的工作依旧，但今年新年以来，家庭日记本上的内容更多了。

“爸，我跟着电视学，做了一盘您喜欢吃的红烧肉！您回来尝尝！”

“爸妈，我在网上给你们订了一款对戒，样子暂时保密，不过保证你们喜欢！”

……

2月14日，李全忠乘坐K1040从宁波返回兰州，妻子却要乘坐T6601次列车前往武威。女儿带上精心挑选的对戒，一家三口相聚在了兰州火车站站台上，而这次相聚只有短短的37分钟……

在聚少离多的日子里，一家三口仍旧在用“见字如面”的方式守护着纯情家风。浸润在字里行间的牵肠挂肚，还将在家庭日记本上延续。①

这篇刊登在《工人日报》2017年3月18日第6版上的《“见字如面”23年》，在第28届中国新闻奖的评选中，荣获通讯类一等奖。这篇报道通过一对平凡夫妻23年共同写下的“家庭日记”，在聚少离多和牵肠挂肚的叙述中，在“见字如面”的纯情家风里，传递着深远的情感。那种独特的情感交流方式，质朴无华的亲情之美、家庭之美、人性之美和劳动者的温暖情怀，带给读者久违的感动。

二、新闻选择与价值导向

（一）新闻选择

受众对新闻喜爱与兴趣的变化决定了媒体对新闻选择的变化。媒体对新闻

① 案例选入时文字有删改。

如何进行选择？这就需要媒体对现实生活中发生的事实加以鉴别,选出具有新闻价值的事实。简单说来,新闻选择就是对事实的选择。新闻选择是新闻理论和新闻实践中的核心问题之一。

从广义上讲,新闻选择包含三层含义:一是对新闻传播者或者“把关人”的选择。选择什么样的“把关人”从事新闻传播活动,是由某种意识形态或新闻制度决定的。二是新闻机构通过“把关人”对新闻事实的选择。准确说,是对自然状态中的新闻信息的选择。选择新闻事实(信息)是新闻机构的直接功能和责任。三是受众对新闻产品的选择。

狭义的新闻选择是指新闻传播者对新闻事实(信息)的选择。这也是新闻选择的中心环节。具体指对现实生活中发生的事实加以鉴别,选出值得新闻媒体传播的事实。在互联网环境中,新闻选择是媒体满足受众信息需求的重要前提,同时,在很大程度上也决定了媒体在信息传播中的角色和地位。新闻选择过程中实际上存在两个价值体系:一个是从新闻传播者的角度出发:事实—新闻传播者—新闻事实;另一个是从受传者的角度出发:新闻事实—传播媒介—受众接收的新闻。

上述第一个体系中,新闻传播者是事实与新闻事实之间的中介。事实本身是客观存在的,而经过传播者的筛选、加工、过滤,变成新闻事实。也就是传播者在进行采写时,对原始新闻事实和写作材料的选择。传播者对新闻事实的认识水平决定新闻作品的水平,新闻作品的水平又影响受众对新闻事实认识的水平。传播者认识和反映新闻事实,是新闻实践中各种力量的交汇点。第二个体系中,新闻事实是客体,受传者是主体。新闻事实具有不以传播者的意志为转移的客观存在性,经过媒介传播,成为受众接受的事实。

第一个体系中,同一个新闻事实,记者在挖掘和表现新闻事实时选择的角度不同,将会影响新闻的传播效果。

对新闻媒体来说,如何做出正确的新闻选择主要有以下四个关键因素:新闻定义、新闻价值、宣传价值、新闻法规。

1.新闻定义

新闻是对新近发生的事实的报道,是对最新变动信息的传播。做新闻选择时,选择的“事实”必须真实、新鲜,首先要判断事实是否符合新闻的定义。

2.新闻价值

新闻价值就是事实本身能否引起社会广大受众的共同兴趣。共同兴趣又指新闻要反映公众关心的事实,不是个别人关心的事实。共同兴趣直接关系到新闻产品的传播效果。另外,我们的媒介是依赖着受众的"共同兴趣"而得以生存的。做新闻选择时,要强调报道事实是否具有时新性、重要性、显著性、接近性、趣味性等特征。

3.宣传价值

宣传价值是指与新闻媒体所持有的政治主张、价值标准的一致性,包含针对性、普遍性、典型性和适宜性四个要素。

4.新闻法规

新闻传播法规即广义的新闻法,是指国家制定并由国家强有力保证实施的,用于调整人们在新闻传播活动中所产生的社会关系的法律规范的总称。

新闻选择是极其重要的,其过程也是复杂的。它是对新闻工作者政治、经济、社会、文化和新闻素质全面、综合的检测,反映出新闻工作者对党和国家方针、政策的熟悉程度,对时局的认识、把握的能力,对实际工作中受众的了解程度。正确的新闻选择是决定新闻价值的主要因素。

(二)价值导向

所谓价值导向,是社会、群体或个人在自身的多种具体价值取向中,将某种取向确定为主导的追求方向的过程。例如当人们在选择报纸、电视、杂志、新媒体等获取信息的不同渠道时,它们所展现的效果是一种价值实现的过程,会对这些存在的价值导向进行分类确定。新闻选择是新闻价值导向的前提。

价值导向是对整个社会而言的,是一元的、统一的。在新闻传播实践过程中,媒体机构首先以自身需求作为评判新闻事实有无新闻价值及其价值大小的标准,并确定选择方向。而传播者和受众首先是用自己的需求、兴趣、爱好来作为对新闻事件有无新闻价值及其价值大小的衡量标准,并确定选择方向。媒体机构从现实的实际需求出发,倡导按照既定的目标进行新闻传播;传播者则是从现实的需求出发,去追寻、选择可以传播事实的信息;广大受众是从社会实际生存发展的信息需求出发,获取对自身生存发展有利的新闻信息。即使不同层次、不同人群对新闻价值衡量的标准存在差异,但新闻的社会化引导功能吸引或制约着媒体机构的要求,使得大众传播总有一些共同的期望,构成共同的信息需求尺度,按照这个尺度去衡量和要求,新闻传播活动的导向才能成为有价值的导向。

本章小结

本章学习旨在解决融媒体背景下，记者的职业角色和新闻生产反映出的价值判断、技术伦理责任边界和专业主义等问题。当下，媒体格局、舆论生态正发生着复杂的变化，记者职业态度和价值观、记者专业主义精神、新闻价值、新闻选择与价值导向显得格外重要。本章主要采用新闻报道案例分析的方式，让大家清晰地认识到记者一定要树立正确的价值观，具有社会责任感，掌握融媒体新闻采编听、说、读、采、写、编、评、摄、剪等专业技能，紧跟流行，通过更多媒体传播渠道挖掘新闻线索；学会如何做出新闻价值判断和新闻选择，以便更好解决受众痛点，增强受众与媒体黏性。在纷繁复杂的媒体生态环境中，记者提升专业素养生产出能解决受众痛点的新闻是学习融媒体新闻采编的目的之一。

第三章

融媒体新闻策划

本章引言

所谓新闻策划，是指新闻活动开始前对选题、角度、呈现形式等方面进行的统筹谋划，并综合考量客观要素、现实条件，实现对新闻素材最大化地开发和利用，从而达到传播效果的最大化和最优化。

随着受众需求的日益多样化，媒体竞争日趋激烈，新闻策划的融媒体意识显得越来越重要。

第一节 新闻策划的融媒体意识

融媒体是基于数字技术进行新旧媒体互补，构建新的融文字、图片、音频、视频等多种媒介表现形式为一体的内容平台。那么，融媒体意识就是媒体人在进行新闻活动过程中更新自身工作理念，充分发挥主观能动性，应用新媒体思维对新闻进行报道、传播的意识。融媒体时代，受众不论是审美能力还是对信息深度和广度的需求都在不断提升，想要在原有受众基础上获得更多人的青睐，媒体人就必须紧跟时代发展，加强新闻活动中的融媒体意识。

一、单一媒体(报纸、广播、电视)新闻策划的不足

新闻策划在传统媒体中也被称为报道策划，通常被理解为新闻编辑通过对新闻资源的开发与配置，实现最佳传播效果的创造性活动。

随着融媒体时代到来，媒体竞争日趋激烈，新闻策划于报纸、广播、电视等单一媒体而言，其不足之处开始浮出水面。新闻策划是一种创造性的活动，其最大的特征就是创新。随着互联网的普及，资料搜索等技术障碍被扫除，单一媒体的新闻策划逐渐暴露出一些不足。

首先，翻阅国内大量报纸可以发现，策划的批量生产导致了新闻策划形式上的模式化，缺少独创性和新鲜感。例如节假纪念日的新闻报道，几乎没有哪一家报纸媒体不策划，占据大量篇幅，低水平的重复报道使所谓的报道策划被读者厌弃，反而降低传播效果。

其次，广播电台新闻策划是新闻传播活动的基本组成部分，如今听众整体文化素养比过去有了较大提高，他们的文化消费观发生了较大的改变。传统单一的广播已无法满足受众对新闻信息和文化知识多元化的需求。

最后，作为比前两者受众覆盖面更广的电视媒体，一些新闻节目为了片面追求收视率，总是想方设法"策划"另类题材。例如在过往行人较多的马路上扔一百块钱，看谁会来捡；在电视屏幕上测试市民的素质，再加以评论。这样的新闻策划存在设置圈套、策划新闻的嫌疑。但是现场采访如未经策划，就不能保证采访工作的连续性和时宜性，没有现场采访的新闻报道传播效果也会大打折扣，由此，电视新闻策划在融媒体背景下也存在许多不足。

二、受众更喜欢同时满足感官需求的新闻

融媒体时代，媒体人需要消化“用户思维”，将突破点放在如何更好地满足用户需求上。如今，媒介生态环境不断变化，使得人们养成了碎片化的阅读习惯，而媒介文化也日益成为人们关注的焦点。受众获取信息时的感官体验对媒体来说也占据着越来越重要的地位。

受众从文字的阅读中了解世界是最普遍感知世界的一种体验，但是光看文字无法了解整个世界，于是受众开始用逻辑思考，主观认识这个世界。随着媒介元素的多元化发展，受众的感官在不断地“延伸”。从原来视觉器官的运用，到广播时代听觉器官的开发，再到电子时代视觉和听觉器官的同时运用，直至现在融媒体时代，听觉、视觉和触觉等感官全方位的运用，受众的身体器官得以前所未有的延伸。

融媒体时代，新闻报道需要满足受众感官需求，也就是说新闻应不限于单一的图片和文字，也不限于媒体传播到受众接收的单向度的传播模式，应该通过技术的综合运用，为受众营造更新颖的视听体验。同时，增强受众的信息参与度。

融媒体背景下，技术增加了受众的选择，创造了新的感官和生活体验。传统媒体的受众角色从读者、听众、观众转变为平台信息的关注者、点赞者、评论者、反馈信息提供者等。因此，媒体人更应该掌握融媒体与“用户思维”的特性，策划出的新闻产品应当首先解决用户痛点，然后满足用户需求，接着丰富用户感官体验，最后提高用户参与度。

第二节　受者本位与传播效果

传播效果是研究大众传播的“核心”问题：它关乎媒介传播的信息如何影响人们的日常生活、消遣娱乐，改变个人的人生观与世界观，影响一个国家的政治、经济与文化生活等问题。例如广告的传播效果是让人们知晓商品特性，产生消费的冲动和行为；新闻报道的传播效果是让新闻信息更迅速到达受众，让人们更快了解周遭新近发生的真实事件，从而影响人们的日常生活，或者为人们生活服务。

一、从传者本位到受者本位

在新闻传播过程中，传者与受者本是相互矛盾的一组概念。这一矛盾形成

了媒介新闻传播中的“传者本位”和“受者本位”两种理念。传者可能是特定的个人如记者、编辑或主持人等，也可能是媒介组织如报社、广播电台、电视台等，甚至是媒介后面的特定社会集团。受者一般指大众传播的传播对象或信息接受者，不是特指社会的某个阶层和群体，而是指社会所有的一般人。①

“传者本位论”指大众传播媒介在信息传播活动中以传者为中心和出发点，根据传播者的需要和利益来决定传播的内容、方式和目的。它认为受众是孤立的、静止的、被动的、盲目的，只要传者不断发出信息，受众就会不加思考地接受，传播的预期效果就能实现。起初报纸、杂志、广播、电视四大传统媒介的理念大多是“传者本位论”。

就其中最具娱乐性的媒介——电视来说，它汇集了画面、声音和文字等刺激受众视听感官的优势，但依然存在以下问题：其一，受众接收信息处于一种被动状态。尽管受众可以更换电视节目，但是无论收看哪个频道的哪个节目，其接收的都是电视节目制作者传播的信息。其二，电视媒介的线性传播方式使得传播的信息被按照时间顺序依次排列，受众要观看节目就必须严格遵循播出时间要求。因为这是由传者来决定某电视频道在特定的时间通过什么方式播出什么内容，以达到怎样的收视率，即信息传播的预期效果。

纵观新闻史，“传者本位”长期处于主导地位，关于“传播什么、怎样传播、为什么传播”等问题基本是由传播者根据自己对信息的判断来决策。魔弹论、议程设置等理论也正是在这样的背景下问世。为了顺应网络技术的发展以及媒介生态的变化，“传者本位”理念必须向“受者本位”理念进行转变。

伴随着传播学研究中对“传者本位论”的批判和传播效果研究的转向，新的受众理论认为，受众不是被动的、无知的“靶子”，而是有着自主性和独立性的“主人”，他们积极地寻求信息为自己所用，他们对媒介具有制约作用，最终将影响传播效果的实现。②

接下来我们讨论一下电视又是如何从“传者本位”向“受者本位”转变的。随着电视节目的日益多样化，以及有线电视的出现，受众对电视节目的选择余地大大增加。由于技术的发展，打破了原有电视线性传播的方式，受众可根据需求，对自己所需信息进行重复观看或者回看，最终达到受众获取信息的目的。就电视新闻而言，受众要求新闻信息具有及时性、真实性，并且有深度和力度。当这

① 王彩娜.受众本位VS传播者本位[J].中国广播电视学刊，2003（4）.52~53.

② 刘艳婧，高炜.论“传者本位”与“受众本位”的内在张力[J].内蒙古大学学报（哲学社会科学版），2009，41（4）：119~122.

种需求无法得到有效满足时，他们就会从其他渠道获得满足，比如转换频道、求助网络等。因此，受众便成了影响甚至决定电视台、电视频道、电视节目的发展因素。受众的主体意识不断增强是促使电视的传播理念由“传者本位论”向“受者本位论”转变的根本原因。

与传统媒体环境比较，融媒体时代的受者更加凸显主动性，成为主动与被动并存的新媒体用户，从单向接收信息向内容生产与消费者的角色转变；而新闻媒体从业人员也从“传者”单一角色，转变为“传—受”融合的双重角色。在传统新闻中，叙事者往往是一个集合，包括报社或电视台记者、编辑以及其背后的一系列新闻机构。然而，融媒体时代的到来改变了传统新闻叙事者的构成。人们通过电脑、手机等工具畅游互联网世界的时候，他们已经不仅满足于对新闻的阅读，而是通过微博、朋友圈等社交工具转发、评论的方式表达自己的情绪与观点。受众的身份逐渐开始变化，他与叙事者的边界不再像传统媒体那样明显，两者之间的边界开始弥散。这一现象在新闻游戏这类新闻产品中继续被放大，玩家在玩新闻游戏的过程中无意识地直接参与到了新闻文本的编写中，成为新闻叙事者的一部分。[①]

案例 3.1

一分钟漫游港珠澳大桥

在世界最长跨海大桥——港珠澳大桥通车之际，网易新闻与新华社联合同步推出的一款典型的H5新闻游戏（图3-1）。

图3-1 “一分钟漫游港珠澳大桥”新闻游戏截图

该游戏采取一镜到底的镜头方式，以第一视角带领玩家游历港珠澳大桥，手绘与实景结合的方式精巧地展现了港珠澳大桥的宏大气势与优美风景。在欣赏风景的同时，玩家还可以拍摄照片，制作成明信片发布在社交媒体上。游戏发布不久，就吸引了超过1亿点击量，成为一款火爆的新闻游戏。

① 郭健宁.新媒体时代新闻游戏的叙事特点分析——以“1分钟漫游港珠澳大桥”为例[J].视听，2020(1)：185~186.

生产融媒体新闻产品,“传者”强调运用新媒体思维,站在用户角度或将自身置于“受者”角度对信息进行“消费”,这样才能真正实现从“传者本位”到“受者本位”的转变,运用此种传播理念才能达到预期的传播效果。

二、传播效果——说什么与怎么说

随着媒体融合发展,媒介生态呈现多元化发展态势,“两微一端一抖”“中央厨房”的实践对传统媒体传播效果提出了新的挑战。“内容为王”成为很多传统媒体人前行的信条。“内容为王”是否真的只要生产内容就能称“王”? 答案是否定的。融媒体视角下,媒体除生产精彩的“内容”以外,还得考虑如何对“内容”进行传播的问题,也就需要思考信息的传播效果。

传播效果是指传播活动最后所取得的结果,也就是传播者所追求的目标。对传统媒体而言,受到新媒体技术的冲击,传播渠道的改变,受众流失,传播效果必然受到影响,内容生产成为媒体立足的根本问题。融媒体背景下,获得话语竞争优势,就必须解决“说什么”与“怎么说”的问题。

“说什么”指的是传播什么能够打动受众的信息。当下社会,人们的生活已被网络撕裂成碎片。要在这样一个碎片化的场景里打动受众,产生共识变得格外艰难。传播学的受众选择机制表明:传者将信息传给受众,受众接触信息要经过选择性注意、选择性理解和选择性记忆这三个阶段。[①]当一则信息不在受众的情感框架、利益诉求之内,他就会选择无视。

国内学者喻国明曾举例说:“黑灯瞎火,如果你喊‘救命啊’,可能没人开灯;但如果你喊‘着火了’,可能大家都会开灯看看。”这个例子说明了一个问题:进行信息传播时,要让受众对信息内容产生反应,应从利益和情感需求出发。目前所面临的受众又呈现出分层状态,也就是说要对不同受众传播不同信息,即根据受众差异进行个性化、针对性的信息传递。

当然,在这个复杂的媒介生态中,单凭“说什么”是远不能达到传播效果的。传者想要传递、表达信息与情感,还需要吸引受众主动前往“目的地”,让他有对信息的探索、发掘和参与感,引发“二次传播”。因此,传者还应考虑“怎么说”的问题。

“怎么说”具体指用何种方式吸引受众眼球。互联网社会的发展,人们的注意力由于时间碎片化变得零零碎碎,成为一种稀缺资源。受众每天都能接触海量的信息,但很难从中过滤和捕捉到最具价值的内容。在信息过载的情况下,传者需要搭建传播路径来创造新的稀缺性。

① 汪慧珍,石张.受众的选择性心理与传媒引导[J].青年记者,2010(5):4.

随着可视化技术与社交媒体的发展，受众的阅读习惯发生了很大变化。例如，一条热门新闻在各大门户网站上启用置顶功能，点击量很快会超过10万，但是，如果用视频形式来表达同样的内容，点击量可能会超过100万。

在解决用何种方式吸引受众眼球的问题上，应该注重把握新媒体传播的特点，即传者与受者之间的互动性。这种情况下，除了热门新闻和视频，想要提升传播效果，还有一种解决办法——改变新闻叙事方式。新闻游戏作为融媒体时代的新闻产品，以游戏作为模型来模拟还原新闻故事，利用游戏强大的互动性与沉浸性，在给受众带来独特的虚实体验的同时，也能满足受众对信息的不同需求。

案例 3.2

2017年10月，英国《金融时报》在零工经济的背景下推出一款体验做Uber司机的游戏。

图3-2 The Uber Game游戏截图

在这个游戏中，受众可以扮演一名Uber司机进行拉客、开车、购物。游戏前，还可以选择难易程度。受众在自己的选择下“解锁”一段段故事，短短一周时间，就可以体验到Uber司机的生活状态：缺乏社交，腰酸背痛，早出晚归……即便如此辛劳，司机们还是会入不敷出，而任何一个行车意外，任何一位“搞事情”的乘客，都可能让辛劳付诸东流。游戏中出现的一系列小故事紧扣报道主题。游戏结束后，相应的报道链接也会出现，以供读者点击进行延伸阅读。

事实上,“讲故事”是媒体和游戏功能最大的交叉点。原本分属两个维度的新闻和游戏产生碰撞,构筑出了新闻游戏,让受众能以角色扮演等方式重回新闻现场或体会当事人的感受。一个设计成功的游戏获得的关注度与影响力,往往会超越同一主题的文字报道。这也是为什么在融媒体时代“内容为王”不是只靠“说什么”内容就能称“王”的,还要靠如何吸引受众眼球的传播方式,以达到最终传播效果,这才能做到真正的“王者”。

第三节　融媒体新闻线索获取

什么是新闻线索?关于它的定义有很多。例如:新闻线索是新闻事实发生的讯息或信号,是新闻敏感的捕捉对象,也是新闻记者进行采访活动的出发点;新闻线索是新近发生的事实的简要信息;新闻线索好比作战时的信号,当然这个信号不是给你指示敌人的所在,进攻的方向,而是给你指示采访的方向,新闻的所在;[①]新闻线索指的是新闻事实的简明信息,可称之为“新闻苗子”,它给采访者提供了到哪里去采访、采访什么的大体去向和内容。[②]

综上所述,我们可以认为,新闻线索指新近发生或发现的事实表现出的某些信号或迹象。新闻线索不是新闻事实的全部,是有待证实、扩展和深化的信息,是记者通过新闻敏感捕捉到的事物中有价值的新闻片段。

融媒体背景下,新闻线索也称为采访线索或者报道线索。极可能是难以察觉甚至稍纵即逝的蛛丝马迹,也可能是私下流传的某个说法,还可能是人们熟视无睹的某种迹象。一个已发生的新闻事件,如果持续追踪,可能出现新的情况和变化,甚至可能成为另一个新闻线索。例如2008年5月12日发生了汶川地震,而后每年到了地震发生的那一日,媒体就会做关于地震的纪念报道,遇到比较重要的时间节点,如2018年是汶川地震10周年,媒体也策划了大量报道。这说明一个事件的周期性是可以重新挖掘到新的新闻线索和新闻价值。

一、新闻线索从哪里来?

新闻线索来源极为广泛,记者的所见所闻都可能成为新闻线索。记者想要获得可靠的新闻线索,还得先了解线索来源。其实,新闻线索来源于社会实践,

① 蓝鸿文.新闻采访学[M].北京:中国人民大学出版社,1984:190.

② 叶春华,连金禾.新闻采写编评[M].上海:复旦大学出版社,1996:138.

只要用心观察,处处留心,深入生活,到处有可挖掘的新闻线索。作为新闻从业者,应成为"社会活动家",广交朋友,广开信息渠道,建立自己的信息网络系统,利用一切渠道来获取新闻线索。

具体说来,新闻从业者发现与获得线索的途径主要有以下几个方面。

(一)信息发布会

作为新闻从业者应当了解信息发布会是各类新闻信息汇集的场所,是获取新闻线索的重要信息源。新闻发布会一般指政府或部门发言人举行的定期或不定期的新闻发布活动。通常,官方在举办一些大型活动前,会以新闻发布会的形式来透露一些线索。

(二)政府机关的会议

政府机关第一时间发布的新闻信息会成为可靠的新闻线索,它具有较高的新闻价值和真实性。记者参加政府机关的会议时,无论是阅读材料,还是听报告,都必须判断新闻价值,对会议内容进行取舍,善于从会议文件、报告或者与参会人员交谈中发现和获得有价值的新闻线索。

(三)固定联系人

"处处留心皆新闻"。相对而言,通过固定联系人获取新闻线索是一个永不枯竭的源泉。一个记者从进入新闻行业开始,就要有意识地培养、构建自己的关系网络。记者应在社会上广交朋友,好似将自己的新闻"触角"延伸至四面八方,一旦出现新的动态,就能通过他人迅速获取线索。

一个记者的社会接触面总是有限的,而固定联系人可以遍布社会各个角落,他们直接参与社会活动,若记者和他们保持联系则会获得更多的新闻线索。

(四)热线电话

信息传播迅速的今天,社会生活显得越来越纷繁复杂。记者接触的生活面是有限的,媒体的记者人数也是有限的,但受众却遍布社会每个角落。受众身边的新闻非常丰富,取之不尽。作为媒体应重视热线电话,因为这是媒体获取新闻线索和解决群众问题的直接渠道。

例如重庆电视台新闻频道确立自己的立身之本——走本地化道路，面向本地社区提供服务。2012年该频道进行频道构建以来的第三次节目改版，全新推出了热线服务栏目《这里是新闻热线》和新闻评论类栏目《新闻解码》，加强了《重庆新闻联播》《天天630》《重庆发现》等固有品牌栏目的品牌力建设。改版之后，《天天630》继续以"贴近老百姓"大时段民生新闻栏目作为节目定位。对630热线中留下的大量线索则用在了《这里是新闻热线》中。《这里是新闻热线》是一档帮老百姓答疑解难的节目，节目中主持人和律师一起为市民服务，播出之后反响非常好。

（五）其他媒体

从其他媒体已发布的信息中获取新闻线索也是记者比较常用的获取新闻线索的方式。融媒体时代，不懂得向其他媒体取长补短，不敢在竞争中去借鉴、利用其他媒体的线索，无异于自我束缚。融媒体进一步加强了信息发布的便捷性，对一些地域性较强的新闻事件，本地媒体往往最先获得线索，最先发布。充分利用好这些媒体发布的新闻，是记者做好新闻深度挖掘和解读的前提。

（六）互联网

互联网对传统媒体的影响和作用是多元化的，它既是个强有力的竞争对手，又为传统媒体的各项业务提供了丰富的资源和广阔的发展空间。

互联网对获取新闻线索具有重要的意义：一方面，它本身就是大众媒介，各门户网站的新闻报道可以成为线索的来源之一；另一方面，网上论坛、微博、微信等互联网平台发布的所见所闻、所思所感，都是鲜活的新闻素材。

互联网为新闻采访提供了一个庞大且便利的"信息来源"，但同时也是一把"双刃剑"，记者也要学会甄别，对信息来源必须进一步调查核实。

二、如何发现新闻线索？

融媒体时代，发现新闻线索首先得有"发现思维"。发现思维就是如何培养识别新闻线索的一种思维，也意味着从哪些地方能够有效地发现线索。特别是运用怎样的一种思维习惯来发现线索和判断具有新闻价值的线索。

(一)发现线索的常用思维

1. 比较思维

比较思维是指记者善于对事物做比较,也就是发现差异。例如,在不同的地方颁布同一个政策,在北方、南方、发达地区、欠发达地区,实施过程中会有一定的差异,根据分析差异就可以找到新闻线索。比较思维可以帮助记者从发现变化的角度去寻找新闻线索。

2. 发散思维

发散思维是从一个点向外扩散,思考一个事件的多重意义与不同层面的影响。从点到面的思维发散,有助于在实践中去发现更有价值的新闻线索,以便于新闻报道能更好地解释事件所存在的意义。

3. 求同思维

求同思维指把不同而具有内在联系的事物、线索等联系起来,做综合性主题报道。例如国内某些高校为了学生能够更规律作息,实施每晚十点准时断电、断网。此时宿舍里的同学可能还在刷牙、泡脚、看书,甚至有的同学还在自习室学习等。具有新闻敏感的人就会思考“大学生在断网断电后都在干什么”这个问题,并就这个问题对大学生的各种情况进行实地采访,反映大学里学生的各种精神状态,并且可以做一系列综合报道。这也是一种综合主题的求同思维。

4. 统摄思维

总结经验往往体现为统摄思维。例如,由于2020年“五一”节假日处于新冠肺炎疫情期间,央广网发布一篇题为《疫情防控中的五一假期 记者调查:餐饮业营业恢复情况如何?》的报道,主要介绍哈尔滨、合肥等地餐饮业营业恢复情况,有的商家为带动假期消费,采用以“券”出击的促销方式。这些经营方式能够为其他行业及地区营业提供经验。该报道就是用统摄思维发现新闻线索,从而做出的报道。

(二)发现线索的方法

1. 闲谈中捕捉线索

与他人交谈是记者获取新闻线索的源泉。随着新媒体技术的发展,当一个新闻事件出现后,相关线索和信息会迅速通过微博、微信、抖音等社交媒体传播而被大众或媒体所知。

2.对比中寻找线索

在对比中寻找新闻线索就是通过观察新闻相似或者相反的特点，将新、旧信息进行对比。新闻无时无刻不在发生，记者需要及时判断事物的新与旧，准确把握新闻线索。

例如在《办事像网购，见官谁还愁》的报道中，记者报道了重庆江津区白沙镇松林岗社区双河组村民何文华新建住房需要办理规划许可的情况。2019年1月31日，他把材料交到村便民服务中心，当天下午查勘人员就上门了。何文华说："以前为办这个许可证需要跑一趟镇里，如果材料不全，还得来回跑。而现在不论是城市还是边远山区，群众办理审批事项，只需要登录'重庆市网上办事大厅'就能'全渝通办'。"报道中还回顾了3月份，重庆颁发第一张基于区块链技术的电子营业执照。记者通过办证前后情况的对比，从而发现了新闻报道的线索。

3.细节中抓住线索

实际上，生活中的一些不打眼的小事也常常具有较高的新闻价值。有些"小事"看似虽小，切是与民生息息相关的"大事"。

案例 3.3

2015年12月，成都至重庆高铁正式开通运营，双城时空距离再次拉近。记者在市中心一家咖啡店里采访了一位家住重庆，在四川上学的研究生。采访中，被访者提到亲人在重庆区县，男朋友也在重庆工作，所以经常周末就回重庆。为了节约跟家人团聚时间，大家"接头地点"定在重庆市区，所以经常坐动车到重庆。被访者还表示在两个城市逛街的时候，也总会有种"地域错觉"。有时想给家人带成都著名的"兔头"，又害怕在路途中捂坏掉，而现在一个半小时就能到达目的地，再也不怕新鲜兔头会坏掉了。于是记者抓住这两个细节，发布了《一种相思 从此不愁》的报道，展现了成渝高铁的开通对"双城"生活这类人的影响。

4.社交媒体中发现线索

社交媒体在互联网的沃土上蓬勃发展，其传播的信息已经成为人们浏览互联网的重要内容，不仅制造了人们社交活动中的话题，更是吸引了媒体的目光。

案例 3.4

“打工人”自嘲背后也有坚韧与奋斗

最近，“打工人”这个词火了，不仅有各种段子和表情包在网上流传，就连朋友之间聊天，可能都会先问候一句，“你好，打工人！”在这里，“打工人”是对所有从事体力劳动或者技术劳动的人的统称。无论是在工地搬砖的工人，还是坐在办公室“996”的白领，抑或是中层领导、创业者，都可以自称“打工人”。

“打工赚不了几个钱，但多打几份工可以让你没时间花钱。早安，打工人！”“累吗？累就对了。早安，打工人！”“在天愿做比翼鸟，在地愿为打工人！”“没有困难的工作，只有勇敢的打工人！”……网友热传或自创的这些关于“打工人”的段子和表情包，充满自嘲与宽慰，道出许多人的心声，很容易让人产生强烈的共鸣，特别是最初满怀梦想，最终受困于现实或只能接受现实的年轻人。

“打工人”段子和表情包流行背后，是年轻人对某些职场现实的“吐槽”，对生活重担的调侃。想当初，刚入社会，年轻人普遍想“干一番事业”“拼一份前程”，然而，随着时间一步步往前推移，才发现现实总是沉重的，“干事业”“拼前程”从来就不是一件容易的事，无论白领还是蓝领，无论是上班族还是创业者，工作不一定就是干事业，但一定是打工——本质上仍是赚钱生活生存、买房买车、结婚生子等等。正因如此，“打工人”段子和表情包，能成功跨越各行各业的职业身份，形成一种共识，其实大家都是“打工人”。

对某些职场现实“吐槽”，对生活重担的调侃，从某种意义上讲，表明不少年轻人在自我认知上实现了觉醒，这未尝不是一件好事。一方面，年轻人最终要学会务实地工作与生活，多务实、少务虚才是年轻人常态化的前进方向。有人说，年轻人至少要将70%的精力用于务实，最多将30%的精力用于务虚。而多务实、少务虚的前提就是认清自己，构建一种实际的身份认同，不把时间与精力，过多地浪费在不切实际的憧憬与幻想上，从而对未来充满迷茫。

另一方面，在自我认知上觉醒，认识到大家都是“打工人”，有助于消除“职业鄙视链”，至少可减轻职业鄙视程度。正如网友所说，长期以来，人们喜欢把职业分为三六九等，工资低下，待遇不好，干苦活重活的群体才叫“打工者”，每天坐办公室、写代码、谈生意、开会等群体才叫“为梦想奋斗”，甚至于金融从业者看不起程序员，程序员看不起门店导购。然而，“打工人”一词风行，不管是高管、还是建筑工，大家不分职业不分薪水，坦坦荡荡都是“打工人”，没有谁比谁更高贵，这是不是表明以前的职业偏见正在慢慢消散呢?

我们也要看到,“打工人”段子和表情包也透露出“打工人”在沉重中的坚韧、在不甘中的奋斗、在平凡中的追求。比如,“老天爷不会辜负你每一滴汗水,它们都会体现在你老板的账户余额里。早安,打工人!”“打工人,与生活负隅顽抗,与老板据理力争,与客户百般耐心沟通,与周一的闹钟搏斗,顽强不屈的意志天地可鉴。”这些段子传递出,虽然人在打工,却不卑不亢,透露出一种自嘲式的坚韧。

罗曼·罗兰曾说:“世上只有一种英雄主义,那就是在认清了生活的真相之后,依然热爱生活。”每一个平凡的“打工人”就是如此。除了对“打工人”的自嘲予以倾听、理解,也要意识到,工薪收入者既是劳动人口结构的主体部分,也是社会运转的中流砥柱,“打工人”需要得到切实的保障与支持、关切和关怀,他们才能带着坚韧与奋斗,坚定地走向充满希望的未来。①

“打工人”指上班族的自称。上述报道中“打工人”成为一个热词出现在了微信朋友圈、微博等社交媒体中,甚至可能朋友之间聊天先得问候一句“你好,打工人!”因此,“打工人”形成风行一时的网络流行语。许多媒体在社交媒体上看到网友们纷纷讨论着“打工人”,于是接连发布与之相关的信息,因此,在社交媒体上发现新闻线索,能够充分反映人们在现实生活中的状态。

第四节 融媒体新闻策划实施

融媒体背景下,新闻从业者既是社会观察者,又是记录者,更是信息的传播者和接受者。发现有价值的新闻线索,不代表就有好的新闻报道;做好新闻策划,不代表就有好的新闻作品。因此,新闻从业者应当通过新闻策划将有价值的新闻线索转化为新闻报道。实践中,采访环节必不可少。

一、认知采访对象

(一)善于寻找采访对象

寻找和确定采访对象主要是选择最了解情况的人作为采访对象,也就是选择知情人进行采访。

① 针未尖.“打工人”自嘲背后也有坚韧与奋斗[N].北京青年报,2020-10-28,选入时文字有删改.

1.通过当地媒体朋友寻找采访对象

新闻从业者的通讯录里外地同行的联系方式非常重要。遇到突发或者重大地方新闻事件往往由地方专业媒体首先发声。尤其是首发报道的当地媒体记者,他们一定掌握某些信息源,通过当地媒体朋友可以最快、最高效联系到事件的核心当事人。

2.通过网络平台寻找采访对象

微博、论坛、贴吧等网络平台搜索功能强大,事件话题传播覆盖面广。特别是微博,作为社交媒体,无论是用户还是话题都可以精确搜索,能直接与博主、发言者进行沟通。微博还可以通过关注和推荐等功能,找到一个或者更多潜在当事人。

论坛和贴吧相较于微博时效性差,但仍属于集中讨论的平台,可以帮助记者找到多个发言者,从不同侧面、不同角度对事实进行调查。

3.通过官方网站寻找采访对象

在重大新闻事件发生时,大多会在政府或机构的官方网站上针对该事件发表声明,或者针对新闻媒体的报道做出反馈。这些来自官方的信息都可以作为重要的信息源,指向关键的采访对象,并且官网中常常会公示微博、微信等联系方式。

4.通过新闻线人寻找采访对象

遇到国外重大事件或者突发事件时,没有记者派驻当地,记者无法及时赶往第一现场,可灵活变通,发动人脉,寻找可以进入现场的代劳者传回现场图片、声音或视频。记者根据新闻线人的信息获取新闻源,以最快速度找到采访对象。

5.通过聊天工具寻找采访对象

目前,微信和腾讯QQ两种即时聊天工具对记者而言是比较容易获取的联系方式。记者进入QQ群或微信群,也意味着可以获取大量相关资料,因为群内可以上传多媒体文件。同时,也可通过聊天工具搜索群名片的方式找到关键的新闻当事人。

融媒体背景下,新闻从业者将与社会上各类人群打交道。因此,新闻从业者应结合实际,遇事学会灵活变通,勤于观察和总结。

（二）有意识地培养采访对象

新闻行业有一种说法：七分采，三分写。很多优秀的新闻作品并不是字节妙笔生花，而是事实真相和本质引起了强烈的社会反响。所以，采访的成功与失败，也关系着新闻作品的成败。

记者要面对不同的采访对象，而采访对象的个性都各有不同。记者想要接近他们，除了专业知识，还需要运用心理学知识赢得对方信任。采访活动中，记者在观察采访对象，采访对象也在观察记者。大多情况下，在陌生人面前人们很少会敞露心扉。因此，采访过程中记者要有意识地培养采访对象。

1."拆墙"

不少采访对象第一次接触记者，总有一种隔阂感。有经验的记者在采访前会先和采访对象拉家常，围绕个人情况展开提问，如工作、生活等。采访对象在交谈过程中，通过聊天紧张情绪得以快速缓解。当对记者的问题对答如流时，采访对象会增加在采访中回答问题的信心。

2."套近乎"

采访中，应用社会心理学人际吸引规律拉近双方心理距离，寻找"接近点"与"共鸣点"，使采访与被采访双方之间的陌生感得以消减。实际经验告诉我们，谈话中寻找共同话题，更容易打破僵局。

3."我要说"

心理学认为，人的感觉的产生及其转化依赖于刺激。采访中遇到性格热情、大方的采访对象，他们很乐意配合记者的采访工作，有问必答。但有时候也会遇上不愿接受或者回答甚少的采访对象，这时候就得通过"刺激"，利用如激将法刺激对方，守口如瓶的采访对象一旦被激发，就会从"要我说"变成"我要说"。

（三）采访对象分类

新闻工作就是与人打交道的艺术。新闻事件发生后，新闻从业者要第一时间了解事件的前因后果，以便还原事实和真相。采访对象的选择并不是随机的，记者采访谁、不采访谁、优先采访谁、重点采访谁，最终都会影响新闻作品的视角、框架。采访对象在时间上的先后顺序也会影响新闻作品或新闻故事最终的发展方向。采访对象主要分为：

（1）新闻线索提供者：将已经发生或将要发生的新闻消息提供给媒体记者的人。

(2)事件当事人：与新闻事件有直接关系的人。他们是新闻事实的主体，处于新闻五要素“何人”的位置，是采访的重点。

(3)知情人：与新闻事实有某种联系，知晓事件发生、发展内情的人。也分为直接知情人和间接知情人。这类采访对象可以帮助记者识别事物的真伪，访明问题的真相；帮助记者明确采访路径，降低采访成本，实现新闻快采快写，提高新闻时效性。

(4)目击者：事件的旁观者，与事件没有利害关系的人。

(5)相关人员：与新闻事实只有工作关系或者间接关系的单位和人员。其中有三个类别：一是社会的相关职能部门；二是社会相关阶层和人士；三是社会舆论机构。

(6)嘉宾：就某一重大新闻事件，或某一比较复杂的社会现象、社会问题，从新闻媒体专业角度出发，邀请前来发表意见和看法的专家、学者。

事实上，采访对象无论怎样分类，记者在选择采访对象时考虑的都是有效采访对象。所谓有效采访对象是指记者在选择采访对象时，应当尽可能选择直接参与者、当事人或者目击者等真正知情的人员，以便于在开展采访工作时，这些人员能够针对事件的时间、人物、地点、起因、过程以及结果等做出详细的说明，继而为新闻报道提供第一手的真实资料。

二、采访前的准备

(一)选题策划

新闻选题是具有重大新闻价值的新闻事件。选题策划是建立在新闻事实的基础之上，对现有的新闻线索和新闻资源进行有创意的操作，充分挖掘客观事物的新闻价值，选择最适当的时机，运用最恰当的方式推出报道，以求达到预期的传播效果。

1.真实性

真实是新闻的生命。新闻选题策划的前提是确有一个新闻事实，因此真实性也是新闻策划的第一要义。

2.贴近性

策划的选题必须贴近民众，满足民众的需要来实现自己的社会价值和经济价值。策划的选题应该多关注百姓的柴、米、油、盐等与他们密切相关的事情。

这些看起来是小事，但对百姓来说却是息息相关的大事，受众关注的力度会更大。

3. 超前性

准确把握社会热点问题，做到“春江水暖鸭先知”。记者应该将触觉延伸到社会的每个角落，注意社会的发展动态，留意每个细节，从中捕获一些有用的信息，挖掘新闻线索。

4. 时新性

新闻的本质是新，新闻的选题是以新闻事实为基础的策划和运作活动，追求新的同时还要判断新闻价值。

5. 深度原则

新闻策划者要以开放性思维去观察和思考，善于用联系和发展的观点看问题，不漏掉事物表面背后的本质信息，才能给读者留下一个全面、深刻的印象。对于热点新闻、重要新闻还必须通过连续报道或者系列报道揭示事件的本质，满足人们对信息的期待感。

6. 围绕热点

新闻选题要紧跟社会发展，围绕重大事件关注社会的热点问题，满足社会受众的求知需求，不能与社会脱节。

7. 节俭原则

选题的策划还应考虑成本问题，要找到费用低廉和优秀作品的最佳结合点，尽量做到花最少的钱创作出优秀的作品。

（二）明确采访主题

报道新闻事件时，你要知道你需要什么类型的信息，如事实性信息、分析性信息还是评论性信息。从什么地方、什么人那里可以获得最准确、最权威的信息以及获取信息时是否具有明确采访主题。

有些事件无法在新闻活动实施前做好充分的策划，如突发事件。如果报道的是硬新闻，那么采访目的就会相对简单——你只要搜集新闻的五要素。如果你想以不同的角度报道，除了充分观察外，还可以对事件中的某个重要人物或者权威人士进行探索式采访。明确采访主题是帮助你获得报道思路，你可以从较大的范围开始询问，一旦发现有新闻价值的领域，就可以深入询问。探索式采访后，你对报道方向有了一定的思路，接下来的的采访主题就会更明确。

当新闻报道开始时,明确的采访主题能避免采访无关紧要的人,问无关紧要的问题。但是,有时具有新闻价值的信息并不总是一开始就明显摆在面前,而是在采访、观察的过程中慢慢显露出来的。因此,采访主题可以根据更有价值的信息或更好的报道角度随时进行调整。

(三)拟定采访提纲

一个好的采访提纲,会让记者采访思路更清晰,掌握采访的主动权,使采访得到完美的结果。采访提纲有利于采访有的放矢,特别是对于一些采访经验不足的年轻记者,拟定采访提纲能够帮助记者坚定信心,提高采访效率。但对于有经验的记者,采访提纲也未必一定采用书面的形式,只要记在心里就可以了。

采访提纲一般应该包括以下内容。

(1)采访目的。记者应清楚采访要达到的目的以及可能产生的传播效果。

(2)采访对象。记者应清楚要采访的核心人物是谁,还要采访哪些周边人物以及采访顺序怎样安排。

(3)采访内容。采访内容是采访提纲的核心内容。问题应尽可能多,有具体的也有概括的。问题的设计要独特、准确、连贯、有创意、引人入胜。这样才有可能获得更深刻、更独特的新闻素材。

拟定采访提纲后,采访时需要从实际出发,根据新的情况加以调整、补充、修改。

(四)采访前的准备

采访前的准备工作就像上台演出前的练习,它是决定采访最终能否成功的关键因素。

1.做好相关知识的储备

假设你通过网络了解到所在的城市正在暴发一种传染病,得到新闻线索就如获至宝,赶紧做出一篇新闻报道并刊发。

你认为这样会受到表扬还是批评?

答案:受到严厉批评。

《中华人民共和国传染病防治法》第三十八条第二款、第三款规定:国务院卫生行政部门定期公布全国传染病疫情信息。省、自治区、直辖市人民政府卫生行政部门定期公布本行政区域的传染病疫情信息。传染病暴发、流行时,国务院卫生行政部门负责向社会公布传染病疫情信息,并可以授权省、自治区、直辖市人民政府卫生行政部门向社会公布本行政区域的传染病疫情信息。因此,传染病疫情信息必须由相关行政部门公布。

因此,新闻从业者在进行采访活动前,应做好相关知识的储备。

2.做好采访策划

采访策划包括分析采访背景、定主题、选择采访对象、设计访问问题、安排人员分工、安排采访时间以及落实采访工具等。其中,最核心部分就是设计访问问题。

美国哥伦比亚广播公司(CBS)著名记者迈克·华莱士曾说过:“我给自己定了一个规矩,至少在准备30或40个扎扎实实的问题以后才去采访。我通常的办法是,在黄色的拍纸簿上先写100个问题和我研究琢磨以后想到的一切。然后我就开始分类,例如采访巴列维国王,我把100个问题浓缩为50个,分成八九类,等我到真刀真枪干的时候,我可能只用到50个问题中的十一二个。”[①]

3.新闻背景的准备

新闻背景是新闻发生的历史条件和现实环境,它对阐释、烘托新闻主题有重要的作用。新闻事件不是凭空发生的,它是有发生的原因、背景的,这些都是受众关心的内容。

2017年10月10日,据上海青浦区“十三五”规划,万狮渡口下游1.5公里处将新建一座桥梁,并开设两路公交车接驳村民出行,苏州河上最后一个渡口——万狮渡口将退出历史舞台。

这则新闻以小见大,通过渡口的关闭,折射出上海这座城市的大变化。记者为了做好此次报道,到达现场观察好几次,了解渡口开、关时间,跟摆渡工进行充分交流,在短时间内,对新闻背景做了充分的了解。

4.熟悉采访对象

记者应在采访之前对采访对象进行了解,准备越充分,记者与对方的距离就越近,共同的语言就越多,对方也更容易了解记者的意图。

① 虞家复.“我想再次采访邓小平”——记美国著名电视记者华莱士[J].中国记者,1987(5):17~19.

案例 3.5

意大利著名女记者奥莉娅娜·法拉奇以采访世界重要政治人物而闻名于国际新闻界。她对采访的准备工作极其认真,唯恐会有遗漏的东西。因此,她总是在做好充分的准备后才进行采访活动。实际上,为了使得采访能够顺利完成,他通常在一两个月前就尽可能地搜集和阅读有关对象的各种资料,并加以研究,选取并整理采访中可能用上的突破点,从而根据不同采访对象的文化背景、宗教信仰、个人性格等有的放矢。

1980年8月21日,法拉奇采访邓小平。谈话就是从她对邓小平生日的祝贺开始的:

法拉奇:明天是您的生日,祝您生日快乐!

邓小平:我的生日?我的生日是明天吗?

法拉奇:不错,邓小平先生,我是从你的传记中知道的。

随后在采访中法拉奇提出了大量重要的问题。如果不是在事先做了充分的准备,没有掌握与问题有关的种种信息,她是无法完成这样的提问。实际上,为了更好地完成对邓小平的采访,法拉奇在采访之前阅读了好几公斤的资料。①

5.事务性准备

记者在采访前要带好工具,包括必需的证件和器材。如记者证、介绍信、采访本、笔、录音器材、照相机等,这些都是记者的必备武器。

在采访前,记者应先试一试机件是否完好,确认充电器、各类连接线等是否带足,备用器具是否带上。因为这些方面稍有差错或者意外,将会干扰记者正常的采访活动,影响采访对象的活动热情,最终影响采访效率和采访目的的实现。

因此,记者在出发前,一定要细心查看,确保万无一失,尽量避免因缺少相关设备而造成手忙脚乱的窘境。

本章小结

本章主要学习了融媒体新闻采编中的重要环节——新闻策划,要求大家重点掌握新闻受者本位与传播效果、融媒体新闻线索的获取方法与技巧、融媒体新闻策划的实施等内容。融媒体时代,受众对新闻报道的信息深度、广度的需求在

① 邓利平,等.中外名记者研究[M].北京:北京大学出版社,2012:321~322..

不断提升,新闻策划显得尤为重要。所谓新闻策划就是新闻活动开始前对选题、角度、呈现形式等方面进行的统筹谋划,并综合考量客观要素、现实条件,实现对新闻素材最大化地开发和利用,从而达到传播效果的最大化和最优化。想要达到最终策划目的,作为融媒体新闻人,我们应当学会如何获取新闻线索,以及发现新闻线索后如何准备报道活动,其中包括采访对象的确定、新闻采访前的准备工作等。融媒体新闻从业者只有做好新闻策划,才能做出好的新闻作品。

第四章

新闻采访提问

本章引言

一篇新闻稿件的出炉，不是记者坐在电脑前就能完成的，需要经过很多个环节与步骤。首先，记者要发现新闻，要找到新闻，要会判断这件事是不是新闻。其次，记者要进行新闻采访提问，获取新闻信息，挖掘本质信息。最后，记者要进行新闻稿件写作。这三个环节是环环相扣、相互依托的。找不到新闻就无从谈及新闻任务；不会新闻采访提问，就挖不到有价值的信息，再有价值的新闻线索也会白白浪费掉；不会写作新闻稿，前面所有的努力就都白费了。

第一节　新闻素养

面对同一个新闻事件，为什么有的记者能写出漂亮的新闻作品，而有的记者仍然发现不了新闻线索，或者说发现不了有意义有价值的新闻线索呢？为什么有的记者抱怨没有什么东西可写？说到底，这就是一个新闻敏感的问题。

一、新闻敏感

什么叫新闻敏感呢？简言之，它就是新闻记者能否敏锐识别新闻的能力。一个校园学生的社团活动，别人看到的就只是学生会组织的一个普普通通的丰富学生校园生活的活动，而你却从某个同学策划这个活动是如何费心这一角度入手，挖掘出了校园文化建设与时代发展、学生诉求、能力培养的关系，这就是新闻敏感。

没有一定的新闻敏感，记者很难写出一篇成熟的新闻稿。如一位记者具有新闻敏感，善于发现新闻线索，就能够当事情还处于"风起于清萍之末"时，就敏感地察觉到它，并预见它的去向，从而比较得心应手地写出一篇新闻稿。

当然，新闻敏感不是与生俱来的，而是记者在采访实践中不断培养训练获得的。

二、新闻选题

积累新闻素材，选好新闻题材，找准新闻角度，对于完成新闻任务也很重要。

人民艺术家老舍曾经对初学写作的年轻人说过，先收集材料，越多越好。有位外国记者说："你要有作为吗？8小时写稿不行，要做24小时的记者。"这些都说明积累素材对写作的重要意义。作为一个初学新闻写作的大学生，更应该重视积累新闻素材。

（一）做生活的记录者

新闻素材是进入记者视野并被记者所意识、所摄取的生活现象，即从社会生活摄取而来的、尚未经过提炼和加工的原始材料。没有新闻材料的积累过程，就谈不上新闻写作的问题。作为记者，要积累新闻素材，必须重视自己的"笔记本"。法国作家果戈里便有一个近五百页的笔记本，他总爱把自己每时每刻看到的、听到的传闻趣事、警句谚语随时记到这个笔记本上。他说："一个作家，应该像画家一样，身上经常带着铅笔和纸张。一位画家如果虚度了一天，没有画成一张画稿，那很不好。一个作家如果虚度了一天，没有记下一条思想，一个特点，也很不好。”

每一个新闻专业学生，要写好一篇新闻稿，就必须养成随看随记的习惯，要把在校园内看到的一切与老师同学相关、与学习相关、与校园生活相关、与就业相关、与专业技能提升相关等各种信息都记录、积累起来。等到有一天会发现，这些积累的信息将成为进行新闻写作的“百宝箱”。有了这样的积累意识，你就会发现无论是在食堂吃饭、在宿舍晾衣服、在教室上课、在操场跑圈、在校门口喝奶茶等一切生活、学习场景里，哪儿都会有新闻，这就是厚积薄发。

（二）找到好的新闻角度是成功的开头

报道的角度，是记者分析、认识采访对象的视角，是记者思维方向的反映。它在一定程度上能说明记者处理采访的素材和挖掘材料的新闻价值的过程。大量散漫在笔记本上的材料，如何进入新闻的既成轨道中呢？找出它之所以成为新闻的特殊由头，就为记者进入材料的世界打开了一个突破口，开启了一扇大门；同时，找出最便于读者接受的角度，实质上是对材料的归纳和梳理，这其实是对读者认识、接受事实起到了一个“导读”的作用。

要写好一篇新闻稿，可以注重这样几个角度。

第一是特色角度。例如，有些节日的庆祝活动每年都大同小异，但我们如果找准了该年活动的特色进行报道，就能写出有价值的新闻。

第二是读者角度。要注意研究全校师生普遍关心的问题，选择学习、生活中的“小事”，以小见大，才能增强新闻的吸引力。只有经常深入到同学们的教室、寝室、图书馆、运动场，注意观察他们的学习和生活状况，了解他们的意见和要求，从他们最关心、最想知道的内容入手，才能写出有意义的新闻。

第三是时间和空间角度。有些新闻事实，在不同的时期、不同的空间其重要的程度也会发生一定的变化。因此有的事实发生在去年算不了新闻，但如发生在今年可能就成为新闻了；有的事实发生在A学院算不了新闻，但如发生在B学院就可能成为新闻了。

三、观察

采访是一种探讨事实真相的“战斗”，仅用你问我答式的提问采访是难以取得成功的。记者要全面真实地掌握事实的真相，必须调动多种方法展开全面进攻。观察采访则是一种必不可少的采访形式。观察包括社会环境观察和自然环境观察两种。对这二者的观察采访都必须具有顽强的探索精神。社会环境包括学校食堂、高铁候车室等人类生活工作的各种环境。自然环境包括水火山色、花草树木等由水土、地域、气候等自然事物所形成的环境。两者在观察时要求有三点,一是观察它的特征,二是观察它的细节,三是要抓住它的本质。

(一)观察与看的区别

看仅仅是以视线接触人或事物。观察是有目的、有计划的知觉活动,是知觉的一种高级形式。观,指看、听等感知行为;察,即分析思考。观察不仅是看,还要察,要考察、思索、鉴别,要知其然,更要知其所以然。

记者在新闻工作中的观察,指的是身处新闻现场时,对现场环境仔细地看、对采访对象仔细地看、对新闻事件发展进程仔细地看。也有人称记者的观察是目击采访、用眼睛采访。它同采访提问一样,也是采集新闻材料的一种最基本的方法。在某些情况下,访问提问往往无法进行,而观察却始终可以运用。

在新闻采访活动中,观察有着至关重要的作用。有些采访对象尽管不愿说、不敢说,但是作为反映人物内心的细节动作总是不可避免的,而这些细节动作恰恰就是挖取新闻的关键点。比如谈话时停顿的那么两三秒、左手不断捏住右手食指的那个动作、眼睛偶然地望向门外的那个瞬间……不仅如此,善于观察的记者还可以从偶然变动的房间装饰摆放、采访对象新换的佩戴饰品等等微小变化找到采访提问的切入口。另外,很多新闻报道,如果不善于用眼睛获取信息,而单单只是报道活动现场,就会显得干干巴巴、平淡失色,因为报道中没有点睛的动作,没有鲜活的人物。

因此,用眼睛采访是记者获取新闻信息的基本技能。如春运期间系列报道,记者的关注点除了放在交通运力、每天人流量之外,现在越来越多的记者将着眼点放在有温度的细节上。如2019年媒体报道了在山东淄博火车站,一对扛了超大包裹的老夫妻引起了大家的关注。经过询问得知,老人是要坐高铁去杭州陪儿子过年。这次他们带了60多斤面粉还有一床被子,准备带给儿子。大爷称,这是他第一次出远门,打算去西湖看看。这个报道的成功就是记者用眼睛看到了父母对子女沉甸甸的爱。报道一出立马引起网友评论:

“沉的不是面粉,是心意。”

“在父母眼里最好的东西和爱都要留给孩子。”

“要是谁送这礼,我都扛不动这几十斤啊。”

这个报道其实记者并没有提问,仅仅是仔细地看了看春运中去子女家过年的父母,拍下照片并如实记录新闻现场,依然收获好评,这就是“观察”到的新闻,不是采访到的信息。

(二)现场观察的作用

1.获得第一手材料,验证新闻真实性

新闻的真实性决定了记者对新闻线索必须进行验证。亲自去现场查验是一种常用的方法。记者去到新闻现场在不告知真实身份的情况下,通过观察能够获取到很多有价值的信息。

2.能够直接获取活生生的细节材料

典型的细节材料,往往会成为新闻事实的眼睛,成为画龙点睛之笔。如没有细节,记者的认识往往停留在事物的表层,难以深入进去。善于捕捉具有本质意义的细节,是记者的采访是否深入以及观察能力强弱的一个显著标志。

3. 不打扰采访对象的工作

像一些特殊场合的采访,观察是唯一的手段,比如政治性活动、外事活动、法庭庭审。

还有一种情况是被采访者不愿意回答采访提问,比如抗拒采访、情绪低落、工作忙碌等等,此时通过观察可以获取对方细小的表情变化、行为动作等,也是有用的信息。

总之,用眼睛进行观察,是记者不可剥夺的“采访武器”。

(三)观察的方法

1.俯视法——略看、鸟瞰法

进行概括的粗线条的观察,迅速地把现场的环境和基本情况调查清楚。俯视法强调扫描式地摄取全景,如画家的素描。

2.细察法——细观细察

近景、特写,明察秋毫,敏锐地抓住现场的典型细节,即“我要与他不一样”。美国著名体育记者雷德·史密斯谈过这样的观点。他说:“每一场球赛都与其他场球赛不同——如果记者具有洞察他们之间区别的知识和才能的话。”再如人的手纹,每一个人都不一样,存在细微差别。

3. 步移法——将略看与细察紧密结合，交叉运用

此种方法在游记或大型群众性活动的报道中常用。如采访九寨沟的奇特风光时，就是一边走一边观察，将九寨沟的雪山、海子、瀑布、森林、云雾、云杉树、金丝猴一一活现地描述出来，给人一种如临其境、如闻其声的感觉。

4. 全感法——眼看为主、五官并用的观察方法

记者在充分利用自己的眼睛观察的同时，要"口、耳、鼻、舌、身"并用，协同作战，从而立体化地认识事物，获得新闻现场各种有声有色的活灵活现的情景。同时"眼看"还要注意粗看和细察相结合。

（四）对于人物的观察

人为万物之灵。传播学的观点认为：人们面对面交流所能获得的全部信息中，有很大一部分不是通过语言来表达的。人的面部表情和形体动作这些副语言在信息传播中往往占比很大，也即"此时无声胜有声"的境界。记者在采访时应"听其言、观其行、察其神，以便更全面地认识事物。

人物的观察包括以下几个方面。

1. 观察人物的环境

新闻人物性格形成、行为动机等都是与环境密不可分的。而通过观察环境获取的信息在采访提问中是可以用的。如：我从进屋就看到……这是导致你性格中……的原因吗？

2. 观察人物的外貌形态

通过对人物外貌的观察可以让记者对采访对象有最基本的判断。基于这个判断，记者才能够提出符合对方特征的问题。同时通过观察人物外貌也能获取一些人物信息，在采访中也是可以用的。

如对方显得憔悴，有黑眼圈，那可能是近日在熬夜进行记者想要了解的某项工作或活动。这时，"憔悴""黑眼圈"等都可以作为采访提问的切入点。

3. 观察人物的动作语言

动作和语言是最能体现人物个性特征的，通过细致观察能让记者对采访对象有初步认识，了解其行事风格。这可以帮助记者预判新闻发展走向，找到采访切入口。记者观察力的培养，需要不断训练才能达到目标。

第二节 提问类型

采访是通过记者提问，从采访对象的回答中获取新闻信息的方式。事物的本质不是一眼能够看到的，不是浮在表面上的，需要记者通过提问一层一层将真相挖掘出来，从而让读者看到事物的本质。

一、开放式提问

开放式提问是指所问问题比较笼统，被采访者的回答范围广泛、发挥余地较大的提问方式。

例：你怎么看这次期末考试？

这样的提问让对方有很宽的回答范围。比如上述问题，对方可以回答“嗯，还好”“就那样”“该考就考吧”……如果记者本来提问的初衷是让对方围绕出题难度、考试方式等方面回答，这样的提问显然是不合适的。

一般来说，开放式提问适合健谈的人、善于思考的人。

二、封闭式提问

封闭式提问是指所提问题比较具体，被采访者的回答范围狭小，指向性强的提问方式。封闭式提问对采访时间有严格限制，如采访对象不善言辞，可使用这种一问一答式的提问方式。

例：刚刚考完的线性代数，你觉得难还是不难？

在这个提问中，被采访者就只能在记者限定的“难”与“不难”之间进行选择来回答。这样的答案目标明确、具体，利于记者捕捉有价值的信息，也便于记者继续往下提问。如对方回答“不难”，可以继续提问：

不难是因为你平时学习很好吗？还是试卷出题简单？

沿着这样采访提问下去，就可以获取很多有价值的信息。而这是开放式提问达不到的效果。

可以看出，封闭式提问更适于突破、深入、追问、证实、核实等方式。

2010年5月11日，一名24岁的女子跳楼身亡。该女子为富士康员工，2009年8月入职，为一线作业员。这是当年富士康发生的第八起员工自杀事件。一时间，富士康“八连跳”成为一个公共事件，引起社会广泛关注。在新闻发布会上，有记者这样提问：

【记者】当您公司的员工屡屡自杀，您是觉得自己在管理上负有责任，还是员工心理素质不高？

【富士康新闻发言人】这些事件本身同富士康的经营与管理没有太大的联系，但富士康也希望能够对自己内部管理不完善的地方进行改进，尤其是增加对员工心理健康辅导方面的工作。当然还是员工自身原因，比如感情原因等，这个问题我们必须要搞清楚，这样才能客观公正地看待富士康员工自杀事件。

富士康员工“八连跳”轰动一时，一时间对于跳楼原因的探讨成为市民热议的话题。记者用封闭式提问法，限定了富士康新闻发言人只能在“内部管理”“员工心理素质”两个方面进行回答。之所以记者会提问这两个方面，是因为普通市民对富士康“八连跳”事件的关注点就是想知道是管理出现问题，还是员工个人的问题。记者的提问抓住了市民的关注点，也把控了采访对象的回答范围，是很有新闻价值的。

2012年10月11日，诺贝尔文学奖公布，莫言成为首位获此殊荣的中国籍作家，央视《新闻直播间》栏目通过电话采访了莫言。

【白岩松】首先祝贺您获得诺贝尔文学奖，但是我看到您今天回应的时候，不显得特别兴奋？

【莫言】本来就没什么特别兴奋的地方。

【白岩松】为什么呢？很多人都在为您高兴。

【莫言】最近这半个月来围绕此事件炒来炒去，我已经感到很麻木了。对于得不得奖已经无所谓了。

【白岩松】我注意到，很多熟悉您的人都说您可能去瑞典领奖了，但是没想到您回到了老家，这是不是您有意识地在躲呢？

【莫言】一个月前我就已经回来了，每年我都会回来集中精力集中时间写点东西。这个季节很好，秋收的季节。借此机会到乡下和乡亲生活一段时间，接接地气，更多地了解当下农民的心理状态。

【白岩松】我刚才特意在想，您今年57岁，这个诺贝尔奖来得不算早也不算晚，恰恰在您作为一个文学家中间（生涯）来的，它不像在您岁数很大了快退休了（的时候）再来，它会不会打乱您原来的设想，一些创作计划？

【莫言】我想接下来一段时间里，会接受一些采访，可能社会活动比较多吧。但我想很快就会过去，关键是一种心态，自己不要把这个当作一件惊天动地的、了不起的大事，它就是一个奖状，你得了一个奖，并不证明你就是中国最好的作家……

很简单的一段电话采访,我们可以看到其实记者想了解的信息很简单,只是他用了更为巧妙的方式,让提问变得不那么常规,即:

"获奖感受"——您不显得特别兴奋?

"在做什么"——是不是您有意识在躲呢?

"未来有什么打算"——它会不会打乱您原来的设想,一些创作计划?

如果用开放式提问"您在做什么""未来有什么打算"?会是什么效果呢?从白岩松提问第一句话就可以看出记者用了观察法捕捉到了细节,从细节入手采访会让被采访者触动内心的情感,可以更好走进被采访者内心世界。从效果上说自然比开放式提问更有针对性,获得的信息更有可读性。

三、两种问法灵活运用

封闭式提问和开放式提问只是对提问范围的划分,在实际采访提问中,两种方式往往是交替使用的。为了让采访对象不拘束,可以先跟他聊天,而聊天本身其实就是一种隐性的采访。先让其放松,再以开放式问题提问,同时以封闭式提问辅助,就可以得到明确的、具体的采访素材。

如果一开始就提封闭式问题,因记者与采访对象双方之间并不熟悉,会造成对方的紧张、警觉,反而导致采访失败。

小着眼点是采访成功的第一要务,即提问着眼点小点、小点、再小点。这里的小有两个方面,一方面是具体,也就是说提问要具体。什么是具体?比如:问"你今天怎么样?"不如问"昨晚吃了药,今天你还感觉头晕吗?"这里的"头晕"就是具体。问"这门课学了感觉如何?"不如问"这门课一大半时间都是学实际操作,你现在会操作了吗?难不难?"这里的"会操作"就是具体。

另一方面,是将大的问题拆分成多个小问题,每个小问题形成递进关系,一步一步引导采访对象回答。

采访提问不能完全按照事先准备好的问题进行,必须根据实际情况随时变化,不能提大而空的问题。

第三节　常用提问技巧

能不能挖掘出事实本质,能挖到多少,这些都是在考验记者的采访水平。水平的高低往往体现在提问技巧的运用。常用提问技巧有:

一、开门见山

开门见山就是提问单刀直入，直接进入采访。这种开诚布公、单刀直入的方式，没有拐弯抹角，直接进入采访话题，采访效率较高。

这种采访方式适合的场合有：(1)采访对象十分忙碌；(2)采访对象具有较好的理性思维，如教师、官员等；(3)采访对象是记者熟悉的人；(4)演播室、记者招待会等特殊场合的现场提问。

2011年7月23日，动车甬温线发生特大事故。事故发生后，现场的处理方法以及事故发生的原因引起了全国人民的高度关注。温家宝总理在事故发生后第六天来到现场，向遇难者献上花圈并接受海内外记者的提问。由于这次事故的严重性以及处理方式的不恰当，大家对这次事故的原因充满质疑。香港商业电台的记者在发布会现场得到了向温家宝总理提问的机会。

【记者】温总理，我想请问您，这次的事故，究竟是天灾还是人祸？

当时全国人民的视线都集中在这场新闻发布会上，网上充斥着各种谣言与消息，人们都在关注到底会怎样处理这场事故。但是人们最关心的，还是造成这场事故的原因：究竟是设备的故障？还是铁道部门的调度出错？抑或是天气原因？这个时候，作为记者，就应该用词简单，用意准确，避免歧义，直截了当地追问责任。[①]

开门见山法一方面具有采访高效率的优势，但另一方面由于太过直接会引起采访对象的反感。因此，在获取一些较为隐私的信息、触及事件本质的信息时，直接提问法并不是好的选择。

二、旁敲侧击——侧问法

当采访对象不愿接受采访，或者采访对象的回答不是记者想要的结果时，可以采用侧问法。对原来直接提问的问题进行改动，从旁的方面、从侧面来提问，即以迂回的方式逐渐引入正题，促使对方回答。适合的场合有：(1)采访对象心里有顾忌，不愿谈；(2)采访对象不习惯接受采访，不善谈。

例如，直接问“刚让你填表时，管理人员是不是恐吓你了？”采访对象面对这样的提问有些是不敢回答的。记者就可以改变提问方式，从其他角度问，循循善诱使对方回到提问的主要目标上。

上述提问可以改为，问题一：你填表时经常都要思考很久吗？

① 朱洁.采访提问100例[M].成都：四川大学出版社，2013：11~12.

问题二：刚刚填表时，我见你用了很长的时间，你是在思考什么？

问题三：你思考这些是因为什么？

……

旁敲侧击法，是记者将采访对象面对直接提问法会回答的问题，拆分成几个问题来提问，让采访对象从一次性"强刺激"的正面直接提问中，分段分部分地接受提问。旁敲侧击法可以包括开放式提问、封闭式提问。上面的例子的问题一就是封闭式提问。

记者在采访提问前都会事先有预设的问题，但有时候往往会被其他记者抢先提问了，可是采访对象的回答又没能给出你认为具体、清晰的答案，此时就必须继续深挖新闻信息。面对这种情况，重复提问是不可能了，那么该怎么提问呢？

2000年3月，在朱镕基记者招待会上，他已经就台湾问题做出了详尽的回答，并表示不愿意再次回答关于台湾的问题，但此时，仍然有记者继续追问。

【法新社记者】我是法新社的记者，我想问一个有关中美关系的问题，但是很抱歉，我这个问题还是想牵扯到台湾，所以我向您表示抱歉。但是您刚才讲了中国不会针对台湾的分裂势力和外部的干涉势力来放弃使用武力，那么您这个是不是也包括到了美国，因为现在中国不断地批评美国。说美国也影响到了海峡两岸关系的发展，而且据中国的《解放军报》发表的社论也像您说的，美国打算把台湾作为不会下沉的"航空母舰"，那么台湾这个问题会不会影响到中美关系，比如说影响到中美间有关世贸组织问题的谈判。

在这场发布会上，虽然朱镕基多次表明不愿意再谈台湾问题，但法新社的记者仍然"穷追猛打"，不过他没有直接针对台湾问题，而是绕了一个弯，转换了一下角度，通过对中美关系的发问又间接地提到了台湾问题，但由于这是一个事关"中美关系"的问题，总理只好作答①。

三、明知故问——反问法

反问法适用于谦虚不想谈、有顾虑怕谈、高傲不屑谈等采访对象。明知故问本身就带有故意刺激对方的意思，通过刺激采访对象，激发人本身的争强好胜心理达到采访目的。从"要我谈"转变为"我要谈"。

2012年9月，重庆电视台新财经频道、上海电视台第一财经频道联合策划了"寻找城市老品牌"的系列节目，红岩墨水、留真照相馆等一批老字号品牌进入到节目制作团队的视线中。记者了解到，在20世纪80年代末90年代初，受到港

① 朱洁.采访提问100例[M].成都：四川大学出版社，2013：13~14.

台影楼的冲击，留真照相馆开始走下坡路，特别是营业网点在旧城改造中陆续被拆迁，技术人才被挖、员工离职，让企业元气大伤，在选择改制之后，才逐渐回到正轨。在采访中，有这样一段对话：

【相馆负责人】照相馆1999年被拆了，我们当时也很困惑，很多员工也辞职了，那是企业很困难的时候。

【记者】那你呢？当初为什么没选择离开？

【相馆负责人】这个地方一待就是几十年，舍不得，不愿意走。而且那个时候我们的退休工人有100多人，在册职工300多，包袱很重……

这里就是记者在初步掌握情况后，通过假设的方式提出一些问题，引导采访对象的思考和回答。很明显，记者已经事先得知采访对象一直坚持在照相馆工作。当谈到企业遭遇困难的时候，被采访者的回答很笼统，在这种情况下，我们往往希望对方能说得具体一点。“有多少员工辞职”“工资发得出来不”“有多困难”这类提问是常用的问题，而且针对性也很强，但这些问题所得的答案往往显得分散、凌乱。而记者明知故问地提出了“为什么没选择离开”这个问题，成功地引导被访者回忆起当时的情景，得到的答案不仅更具体、更有说服力，而且很自然，让采访充满人情味。①

2012年9月，高校开学新生报到，各大通信运营商都会抓住时机争抢学生用户。重庆电视台新财经频道《重庆经济新闻》栏目记者在西南大学新生报到处发现，电信、移动、联通都在显眼的位置铺开展台，吸引学生。记者前去采访，有一家公司的工作人员以“负责人不在”为由拒绝采访，一位工作人员则表示“不好意思，现在太忙了，要不你一会再来嘛”，此时，记者灵机一动，提出了下面这个问题：

【记者】我看到你们的宽带好像要比其他两家贵哟。

【工作人员】没有没有，绝对没有。在宽带方面我们和学校进行了深度合作，办我们的宽带就能得到同样的话费……

当市场竞争激烈时，价格、服务等方面往往都是竞争中的重要因素，这个案例中记者就抓住了这一点，故意刺激对方，逼迫他们不得不回答。

四、设身处地——设问法

面对一些人情关系比较重的新闻，诸如社区纠纷、占道拥堵等等，若还是针对采访对象看到的、听到的提问，或者让他们描述现场，往往不能挖到让读者最满意的内容，因为这类新闻的重点在“人情”。所以越是生活中“扯不清”但是又

① 朱洁.采访提问100例[M].成都：四川大学出版社，2013：118~119.

关乎群众切身利益的新闻事件，用设问法，就可以很好地获取群众对此事最普遍的、最真实的想法。

例如采访一个每天自觉学习的孩子时，可以提问：

他们放学都去玩去了，满山遍野玩。你放学了会不会跟他们一样去玩？

爱玩是孩子的天性，很多孩子在玩要面前都控制不住。采访一个能每天自觉学习的孩子，其实就是问他怎么做到放弃玩要的，用设身处地的提问方式就可以展现一个孩子的真实内心想法。

再如：

你刚才自己都说这样的做法是违反工厂管理规定的。那如果这事发生在你身上，你会怎么做？

彼得·阿内特是世界著名的战地记者，他几乎将自己的一生投入到战争和国际冲突的报道之中。他是一位跟踪过越南战争、海湾战争以及阿富汗战争的资深新闻记者。

2008年12月，《南方日报》记者采访了这位世界知名的战地记者，与这位年近七旬的老人分享了他不可预测的精彩人生。采访中记者这样问道：

【记者】说真的，犹豫过吗？

【彼得·阿内特】我当时还是单身，很有点“野心”，我听说那些在越南前线的同行们都出了名，我也想和他们一样，写出最具爆炸性的新闻，搞点大名堂。

对于这样一个充满传奇色彩的人物，很多读者心里都想知道，战地记者的生活究竟是怎样的，为什么要从事这样一个危险的职业等等。记者设身处地地提问，恰恰还原了最为真实的阿内特，没想到他也有平凡人的一面，也对“出名”很憧憬。虽然这个回答可能会让很多人大跌眼镜，但走下神坛的阿内特更能引起人们的求知欲[①]。

五、穷追猛打——追问法

当记者采访报道较为复杂的新闻事件时，比如有多重人物关系，或者这个新闻事件本身很重要，关乎群众切身利益的，就需要一层一层深挖本质。该方法适合的场合有：(1)想彻底弄清某一事件的来龙去脉；(2)挖掘典型的事例和生动的细节；(3)探寻关键的实质性材料及访问中的疑点。如央视《新闻调查》栏目中的对话：

【王志】照你这么说，就是没有人来关注这件事，没有人说出这件事。银行没

① 朱洁.采访提问100例[M].成都：四川大学出版社，2013：174~175.

有采取及时行动的原因,不是技术上的原因?

【刘姝威】不是由于技术上的原因。从技术上,现在银行有那么多博士和硕士,他们都受过很好的训练,他们怎么能够看不出来呢?绝对不是由于技术上的原因,而是由于技术以外的原因。

【王志】你指的这个因素是什么?

【刘姝威】就是什么呢。作为一个上市公司的话,瞿兆玉哪有那么大的本事,上天入地。他为什么能那么迅速地就能拿到《金融内参》呢?如果这个因素你不消除的话,保证我们的信贷安全是很难的。

【王志】你指的这个因素,是在商业游戏规则之内呢?还是之外?

【刘姝威】我想这不是市场经济允许的。要是在一个健康的市场经济当中,这些因素是不可能存在的。这些因素呢会威胁到我们国家社会主义市场经济的健康发展。而我以前的研究就像瞿兆玉对我的评价一样:你太学术了。我对这些因素原来关注得太少了。

【王志】你指的这个因素是权力吗?

【刘姝威】你说呢?

【王志】我问你。

【刘姝威】我问你。你听了我的讲述的话,你认为这个因素是什么?

【王志】你是当事人。

在采访新闻事件当事人时,记者都渴望能够走进其内心,呈现出他们的心理状态,挖掘出隐藏在新闻事件背后的故事。但如何一步步接近受访者的内心,让他们愿意敞开心扉交流呢?央视在2012年11月25日《面对面》栏目播出了采访任建宇的节目。从任建宇被劳教到最后被释放,记者王宁的成功设问像剥洋葱一样步步深入,展现出任建宇的内心。

1.提出假设

【记者】那你知道你之后要面对的上诉之路是什么样的吗?有想过吗?

【任建宇】我会一直坚持的,不管结果如何,从最高人民法院一路上诉,如果最终结果还是一个处理不当,我最后一定会坚持的。

【记者】你坚信你一定可以得到?

【任建宇】我坚信我可以得到。

2.抓住当事人瞬间的话头,立即展开追问

【任建宇】进去之后,不适应这个环境,害怕,恐慌,然后就不自信,和人说话的时候,眼睛闪躲、慌乱。

【记者】这种不自信和慌乱来自什么呀?

【任建宇】焦虑。

【记者】对于什么的焦虑?

【任建宇】对于未来。

3.对时间的细节步步追问

【记者】当你看到(劳教)"两年"的这个词的时候,你什么反应?

【任建宇】呆掉了人就,崩溃掉了。

【记者】你做了什么?

【任建宇】我就在他们是一个提讯室,在一个角落蹲着。

【记者】蹲了多久?

【任建宇】几分钟吧。

【记者】怎么去面对?

【任建宇】我告诉我的父亲、我的女友,要去帮我上诉……

4.层层追问当事人的内心活动

【记者】当你决定提起上诉的时候,你就有这样的信心?

【任建宇】对。

【记者】这时候你没有任何担心吗?

【任建宇】我告诉我女朋友,没有比这个事情更坏的。

【记者】没有比什么事情更坏的?

【任建宇】不会(比劳教)更坏啊,只会往好的方向发展。

这是一个成功的采访案例。"任建宇被劳教"这一事件备受各方关注,之前已有许多新闻媒体对此事进行了报道。这个时候再去着眼于事件本身已无多少新闻点。那么如何打好第二落点?记者选择了关注当事人。之前并没有媒体深入采访过任建宇本人,他在整个事件当中的心理状态和心路历程是受众想了解的。在这个采访中我们看到,记者始终贴近人物的内心进行设问,不仅展现出整个新闻事件的一波三折,还问出了当事人内心的挣扎、茫然、坚定等等细微复杂的情绪。[①]

在这个采访案例中,记者提的这么多问题,其实就是"在这件事情上,你是个什么样的人"这个开放式提问。采访对象任建宇是个村干部,是可以很有条理很有层次回答开放式提问,给出记者想要的回答的。但是由于记者报道角度放在了人物刻画上,为了挖掘更多的人物细节、更生动的瞬间,放弃了直接正面提问、开放式提问,而是用层层追问的方式,还原了一个真实的人物形象。

记者在接到采访任务后,首先应制订采访计划。在面对实际新闻事件和身

① 朱洁.采访提问100例[M].成都:四川大学出版社,2013:109~111.

处新闻发生现场时，由于现场环境的复杂性、多变性以及受外界环境的干扰，记者在采访中往往并不能按照采访计划设计的路径进行。无论采访对象的挑选、采访角度的选择，还是采访提问，都必须随实（际）而变、随时（间）而变。同理，记者的采访提问也不会是一贯到底的，即不可能一种采访提问方式用到底，必须是多种方式的综合运用。

比如采访某高校附近晚上摆地摊的学生。首先要分析学生摆摊动机是挣钱（家庭贫困的学生）还是好玩（体验生活的学生）。面对摆摊为了挣钱的学生时，我们在前期准备过程中还应注意他们会不会有自卑心理？具体到提问中，正面直接提问是否合适？用追问法层层扒开他们摆摊的原因是否可行？换成用旁敲侧击法是不是好点？……由于采访活动是人与人之间的活动，是双方的、双向的反馈，不是记者一个人单方面决定的。一个采访提问活动也是有很多讲究、很多注意点的。

第四节　提问的注意点

日常交往中，什么该说什么不该说，都是有讲究的，目的就是避免尴尬、维持礼节。以挖掘新闻信息为目的的采访提问，同样也是很讲究的。因采访对象不同的心理特征、不同的职业、不同年龄层次、不同生活环境、不同的利益诉求，记者的采访提问要注意：其一不能让采访对象反感，要迅速拉近距离；其二要根据新闻现场实际环境、对象的情绪变化等选择恰当的提问方式……总之，想要获得有用的新闻信息，在采访提问时，就要注意有些雷区不能踩。记者采访提问应注意以下六个方面。

一、提问要简洁、自然

一般情况下，不要同时提出两个或两个以上的问题。当人在只能听而没有阅读材料的环境里，是不能够记住很长的内容的，尤其是自己知道正在被采访时，内心是紧张的，因此更不能够同时记住两个或两个以上的问题。

比如提问“请您谈下未来5年发展的规划，以及具体的实施方案”。首先这样的提问就很笼统，有很宽泛的回答范围，让采访对象把握不了回答的方向，自然给不了记者想要的回答。

以2018年3月《杨澜访谈录》采访著名喜剧演员陈佩斯为例，来看什么是简洁、自然：

【杨澜】你们有没有发生争执的时候？

【陈佩斯】有。

【杨澜】比较激烈的是哪一次？

【陈佩斯】比较激烈的，吵架呗。

【杨澜】哪部戏呢？

【陈佩斯】《父子老爷车》。

【杨澜】吵什么呢？

【陈佩斯】吵表演方式、表现方法。

【杨澜】当着大家吵？

【陈佩斯】对。说说就说僵了，两个人就争起来。

杨澜在采访提问时，没有用华丽的词语、热血沸腾的句子，提问都是用简单几个字，让采访对象感觉就是家常的聊天。这样的提问氛围就是轻松愉快的，采访对象就愿意聊，而且每个问题之间也是层层递进的，也能挖到新闻信息。

二、提问要具体

中央电视台新闻频道主持人敬一丹在石家庄签名售书时，一个记者采访她时曾提问："你如何看待中国目前的新闻舆论监督作用，你怎样处理生活和事业的关系？"当时敬一丹听后回应说："你的问题太大了，恐怕我回答不了。"

所以敬一丹说："自从干了电视记者这一行，我就给自己定了一个戒律，不许问'请问您有什么感受'这样的问题。"她说这样的提问会淹没人的创造力，会滋生惰性。她说，有了一个戒律的约束，记者的状态就变得积极了，思路也容易打开，语言也随之灵动了。堵住了水的一个出口，水就向四周漫散；不许问一句话，也许就逼出十句更精彩、更有针对性、更有个性色彩的问话。

美国"氢弹之父"——爱德华·泰勒是一位在物理学方面成就卓越的专家。在一次记者招待会上，一个美国电台的年轻记者这样提问：

【记者】可否请您解释一下相对论与现代空间时代的关系？

【爱德华·泰勒】我怎么能解释呢？爱因斯坦用了十三年实践，才确立了这个公式！

这是一个记者采访提问很经典的案例。爱德华·泰勒表现出了极度的不耐烦，究其原因，就是因为记者的提问太大，让他无法回答。记者只是一个新闻事实的记录者，不是专业领域的工作者，多很多专业问题其实都不甚了解。对此，采访专业人士时,不建议直接提出大而笼统的问题,应该了解采访对象的研究方向、领域,有针对性地提问,而且最好从小处着手,让对方知道该从哪些方面进行回答。

比如教师节采访一名教师时提问:“作为教师,今天您有什么想说的?”这样的提问会让这名教师根本不知道从哪个方面回答,可以改为“在您从教的这些年里,你最难忘的学生是谁?最高兴的事情是什么?最让您烦心的事是什么?哪个学生最调皮?”这样的提问实际上是给采访对象限定了回答的范围,能让对象很明确地找到回答的方向。

三、提问要挖细节

细节可以反映一个人状态、态度、内心,细节可以让一个隐藏的本质暴露,细节还可以成为突破成功的关键因素。因此记者在采访提问中,不仅要通过询问得到新闻事实、问题答案,还要通过对细节的挖掘,来发现新闻人物的真实面貌、发掘新闻故事的真实走向、还原新闻事件的真实原貌。记者的采访就是为了挖掘完整的故事,而细节是故事中最为重要的元素,堪称故事的“血肉”。

比如某高校图书馆屡次发通知,禁止学生在阅览室用书占座。有记者选择了一个用书占领的座位一直等到书主人到来,并对该学生进行了采访。

如果直接提问:“学校图书馆有禁止占座的通知,你看到没?”这样的采访提问更像是审讯问话,咄咄逼人,肯定引起采访对象的反感。

如果改为:“我刚刚看你进来的时候,先在门口小小的张望了一下,望什么呢?”或者“我刚刚看你进来的时候,猫着腰,还撇了下嘴。你想什么呢?”这里的“张望”“猫着腰、撇了下嘴”都是这个学生的细节动作,这样的提问是从学生情态角度入手。这两个细节反映的是这个学生还是觉得用书占座不好,影响了其他学生。这就把学生这样一个活生生的人物形象给立起来了。

2008年8月17日,北京射击馆迎来奥运会射击比赛的最后一天,在男子50米步枪决赛中,美国选手埃蒙斯在前九枪取得巨大领先的情况下,最后一枪仅打出4.4环的成绩,将奥运冠军拱手送给了中国选手。这是埃蒙斯自2004年雅典奥运会后,第二次以同样的失误丢掉几乎到手的金牌。赛后,大家议论最多的,除了这四年一轮回的“奇迹”,还有他与妻子——捷克射击选手卡捷琳娜的深情拥抱。在《杨澜访谈录》中,杨澜采访了埃蒙斯和他的妻子卡捷琳娜。

【杨澜】凯蒂(卡捷琳娜)参加第一轮比赛的时候,你也在那儿观战吗?

【埃蒙斯】是的,我全程都在她身后。

【杨澜】你担心吗,紧张吗?

【埃蒙斯】紧张,非常紧张。

【杨澜】怎么个紧张法。浑身出汗吗?

【埃蒙斯】没有那么严重。我不知道怎么解释,就是一种焦虑,对我们两人来说,看对方比赛很不容易。

杨澜的采访提问中,着眼点都是小小的,“怎么个紧张法”“担心吗?紧张吗?”这些方面就都是小细节,但却很好地表现出丈夫对妻子的关爱。这样的细节追问,就给我们还原了活灵活现的发生现场,让观众如临其境。①

四、提问要尊重对方,注意语气

记者在采访中要有礼貌,要尊敬对方,懂得最起码的礼节,提问的语气要委婉,态度要真诚、客观,不带个人倾向。不要轻率地提尖酸刻薄的问题,如果摆出盛气凌人、高高在上的架子,非但完不成采访,反而会陷入被动。记者提问时应注意:第一,不能以审问的方式提问;第二,不能以伤害采访对象情感来换取信息。

例如:“你知不知道你这是乱丢垃圾?你知不知现在正创建文明城市,你这乱丢垃圾是给城市抹黑?”这就是以审问的方式在提问。

例如:“你能不能回忆下你父母被倒下的墙压住的瞬间发生了什么?”这是以伤害采访对象情感来换取信息的提问。

获取新闻现场的信息是记者的本职,但是这样不顾及采访对象情感的采访提问,是不符合新闻工作伦理道德的。新闻工作肩负着社会责任,一方面新闻记者要监督社会发展,铁肩担道义;另一方面还要考虑采访对象、受众的情感,哪些该报道哪些不该报道,记者在采访提问中应该多一些人文关怀。

如冬日娜采访史冬鹏时的提问:

你有没有信心得亚军?因为冠军已经是刘翔了。

全场观众给你的掌声和刘翔一样多,你做何感想?

没有刘翔陪伴,你有压力吗?刘翔给你鼓励了吗?

没关系,这次跑进决赛也是你的一个突破,上一次你都没进第二轮。

你觉得和刘翔在同一个时代是不是很悲哀?

刚才的比赛你尽力了吗?

---

① 朱洁.采访提问100例[M].成都:四川大学出版社,2013:95~96.

五、提问要看情况、看对象

这里的看情况、看对象是针对采访对象的复杂性而言。采访对象有不同年龄、不同职业、不同心理、不同成长背景、不同诉求……因此记者不应该用一个问题向所有的采访对象提问。

同是在菜场，有菜农、菜贩、城管，有小孩、老人、年轻人，有开店的、摆摊的、推车的，有挣到钱的、丢了钱的等等。记者在这样的环境里提问，同一个问题，在向不同类型的人提问时，应重新设计。

如央视《新闻会客厅》2006年3月27日播出的节目《接待普京的少林方丈》中的部分对话。

【主持人】今天我们节目请到的就是普京到访的时候接待普京的方丈释永信大师，也是少林寺第30代方丈了，旁边一位就是被普京抱在肩膀上的小沙弥释小广，您好。您觉得普京的这次访问对少林寺的影响是什么？

【释永信】这次普京能到来，可以说是外国元首到少林寺访问，少林寺对外交流又进入一个非常高端的机会，我们感觉是对少林文化的定位，对少林寺的价值肯定，是对少林寺将来跟国际交往都是一个里程碑式的。

【主持人】小广今年8岁了。是不是好多人都问你普京是怎么抱你？

【释小广】是。

【主持人】他刚伸手要抱你的时候，你有没有下意识地要躲一下？

【释小广】没有。

【主持人】你觉得他就是来抱你的，不是要跟你过招的。

【释小广】对。

【主持人】一抱就抱起来了吗？

【释小广】这样一只手把我拽起来，然后把我托到肩膀上。

【主持人】你害怕吗？那也挺高的呢，害怕没有？

【释小广】有点吧。

这个案例中，记者对方丈释永信的提问是基于其是一个成年人，且具有较好理性思维这一前提。在向8岁孩子释小广提问时，记者就考虑其年纪小，不具备理性思维，因此每个问题简单且形象。这种根据不同采访对象而采取不同的提问方式才能获得较好的信息反馈。

六、提问要有逻辑性

采访就像剥洋葱,逐渐达到核心;洋葱还有一种品质,它是有味道的,这种味道对观众会产生刺激作用。

——王志

采访提问要有逻辑性,由浅入深,由表及里,层层递进。采访问题要根据采访目标设计,各问题之间可以是并列、递进、转折等关系,但应避免东一榔头西一棒子,避免没有逻辑顺序。不能提对方无法回答的问题,如跨越专业提问等。

本章小结

本章主要学习了完成新闻采写任务中很重要的两个环节:新闻信息采集与采访提问。当记者置身于新闻发生的现场时,现场环境是多样和多变的,这就需要新闻敏感将具有新闻价值的信息在芜杂的社会信息中提取出来。新闻敏感是记者能否敏锐识别新闻价值的重要能力,这是新闻记者的最基本素养。面对被采访者设计各式各类的采访提问,有针对性地进行本质信息挖掘,这也是新闻记者的基本专业技能。

第五章

融媒体新闻采集

本章引言

融媒体新闻是充分利用各种媒介载体形式，把广播、电视、报纸等既有共同点，又存在互补性的不同媒体，在人力、内容、宣传等方面进行全面整合，实现资源互补的新型媒体报道形式。融，意为融合、调和。融媒体新闻的传播必定要综合两个及以上的传播形式，如文字+声音、文字+视频、文字+声音+视频等多种形式的组合。各种不同传播形态的融合，是对单一传播形式不足的补充，可以满足受众对信息的立体化、多维度感知，也是新媒体传播平台的必然要求。

第一节　报纸新闻采集

报纸在发展历程中不止一次被认为"即将消亡"，但是直到今天的融媒体时代，报纸也没有消亡。从物理形态上看，报纸的传播以文字为传播符号，以纸张为载体，以书面语言表达的逻辑性、层次性来进行信息意义的表达。文字信息采集是报纸记者最基本的工作，要求用文字记录新闻发生现场的环境以及人物状态，是报纸新闻采集中最重要的环节。

一、报纸新闻的文字采集

文字自诞生起就是信息传播的载体。尤其是在报纸产生之后，更是在新闻报道中承担着描述现场、记录信息的作用。即使在信息融合传播的今天，文字也占有不可撼动的位置。所以，文字信息的采集，一直是新闻工作的重中之重。

案例 5.1

从"暂停"到"重启"：武汉解除离汉通道管控

新华社武汉4月8日电（记者唐卫彬、李鹏翔、胡喆）

这是注定将载入史册的重要时刻：4月8日零时起，武汉市解除离汉离鄂通道管控措施，有序恢复对外交通，人员凭健康"绿码"安全流动。

经过76天的举国拼搏、900多万人的顽强坚守，作为全国抗疫决战决胜之地，武汉的新冠肺炎疫情防控取得阶段性重要成效，标志着湖北保卫战、武汉保卫战进入了一个新的阶段。

7日深夜，在武汉西高速收费站，记者看到不少车辆提前在此等候。8日零时许，匡后尧驾车驶出武汉西大门，他说："我们都对这一天期盼已久。"

在这场新中国成立以来发生的传播速度最快、感染范围最广、防控难度最大的重大突发公共卫生事件中，截至4月7日24时，武汉已累计报告新冠肺炎确诊病例50008例，治愈出院46991例，现有确诊病例降至445例。

武汉胜则湖北胜，湖北胜则全国胜。武汉"封城"有效阻断了疫情蔓延，赢得了时间，也为全国乃至全世界积累了经验。

零新增不等于零风险，"开城门"不等于"开家门"。按照武汉市新冠肺炎疫情防控指挥部要求,要慎终如始,建立常态化疫情防控长效机制,持续做好小区封控管理工作。[①]

这是抗疫斗争湖北保卫战、武汉保卫战中新华社隆重推出的重要消息报道,见证和记录了武汉“解封”这一重要的历史性时刻。该报道主题重大,立意高远,兼具历史视角、全局高度和人民情怀,用精练灵动的语言,巧妙地完成宏大叙事。在长达数月的时间里,作者作为新华社武汉前方报道指挥部总指挥和骨干记者,指挥或参与了武汉抗疫一线报道的全过程,闯“红区”、入方舱、进社区、访病患,使稿件最终具有丰厚的一线素材积累和思想的凝练,足见文字素材的力量。在2020年4月8日凌晨解除离汉离鄂通道管控措施之际,深入高速路口、机场、火车站多地直击现场采访后,精心打磨,字斟句酌,追求精品。文字是最具有想象力的表达,同一段文字的描绘经过不同人的解读,建构出来的画面皆不相同,因此对文字的巧妙安排会有事半功倍的效果。如新闻第一段是新闻消息的导语部分,写导语要懂得取舍,导语要简练,重要的是告诉别人到底发生了什么重要的事情。

(一)文字素材采集设备

在传统媒体时代,文字的录入采集多是手写记录、键盘打字等依靠人力才能完成,这一过程往往费时费力,也无法做到信息的完整还原。进入数字化时代,快速采集文字素材有了新的变化。

1.速录笔采集器

所谓速录笔,是一种扫描仪,又称扫描资料笔,只需跟着文字方向轻轻滑动,即可将纸质资料上的文字、数字、符号等输入到电脑光标位置处或智能手机、平板电脑相应的软件中。速录笔滑过之处的文字可直接编辑,从而省去了录入的烦恼,对于记者而言,可以很轻松地对文字素材进行完整和快速的采集,省去了不少时间。

2.语音输入采集软件

语音输入即口头讲述,麦克风输入的形式。这是用软件将实时讲话识别成汉字的输入方法,又称声控输入。只需要麦克风的连接,就可以通过语音和相关软件在电脑、智能手机、平板电脑上输入文字。这种方式被认为是目前世界上最简便的输入法,对于媒体工作者来说,语音输入可以更好地解放双手,更为迅速地对相关文字素材进行采集。

① 本消息荣获第三十一届中国新闻奖文字消息一等奖,选入时文字有删改。

如今,随着时代的进步,技术的发展,微信的大范围使用使得语音输入已经得到广泛普及。除了微信自带的语音输入,各品牌的智能手机均带有语音输入功能。

(二)文字新闻素材的采集方式

文字新闻素材的采集来源于传统的新闻工作,哪怕在融媒体时代,其也是新闻记者的主要采集方式。文字新闻素材的采集主要有以下几种方式:

1.口头采集

所谓口头采集,又称“口头访问”“口头采访”,是指新闻工作者代表一家媒体同一个人或者几个人进行交谈,通过一问一答的方式获取新闻素材的一种手段,这也是新闻工作者最普遍、最常用的采集方式。

口头采集不是一般的谈话,并非以吸引对方、让对方对自己感兴趣为目的,而是为了搜集新闻素材,弄清事实。因此,谈话要紧紧围绕问题展开,要学会利用各种心理学手段达到最终目的。

口头采集的种类主要有:

(1)个别访谈。个别访谈即记者与采访对象面对面单独交谈。这是记者采访中最常用的方式。

(2)座谈会。座谈会又称调查会采访,是指记者通过座谈的方式,在同一时间、同一地点,就同一个话题向多个对象进行采访的一种新闻采访方式。通常,对于事件情况复杂、矛盾众多的问题可以采用这类方法。

(3)记者招待会。所谓记者招待会,即新闻发布单位主动通过记者发布信息的一种采访方式,也是很多硬新闻的来源之一。这一类通常由政府部门或社会团体、企事业单位组织举行,个别情况也由个人出面举行,邀请新闻机构的记者参加,公开发布权威消息。

记者招待会的流程一般分为两部分:首先听取新闻发言人发布新闻或介绍情况,而后由记者提出问题,由发言人进行解答。

2.视觉采集

顾名思义,视觉采集就是记者通过观察获取新闻素材的一种方式,也可称为视觉采访。俗话说得好:百闻不如一见。很多情况下,人类都习惯于通过眼睛获取信息。与口头采访不同,视觉采访并没有明确的采访对象,这给予记者更大的自由空间,使其不仅能够捕捉到最新鲜、最有意义的主题和最生动、最有说服力的素材，而且能抓取到许多生动的场面和不为人知的细节，这样也拓展了新闻报道的思路。

融媒体新闻时代，网络的普及，赋予了视觉采访更广的视域和更丰富的形式。以往记者必须亲临现场才能进行视觉采访，而如今，通过视频终端以及其他网络通信工具的采访即可轻松完成。

在视觉采访时，我们需要注意这样几个问题：首先，视觉采访之前要做好功课，充分估计现场可能发生的情况，并且注重观察与提问相结合；其次，视觉采访也要有主次轻重，做到点面结合，既能够宏观把握总体情况，也要能从细节处观察鲜为人知的东西；再次，视觉采访并非单纯地拿眼睛看就可以了，观察的时候依旧要注重思考，去伪存真、去粗取精是视觉采访所需要的。

3.体验式采集

对于融媒体新闻制作和传统新闻制作来说，体验式采集都不是陌生的方法。从广义上来说，体验式采集就是日常采访，即记者每天通过了解和体验现实生活来获取素材。而狭义的体验式采集，是指记者以采集者和当事人的双重身份，直接从事某种行业活动，或亲自参加某一事件的全部过程，在体验中采集新闻素材。

“一头汗两腿泥”才能写出好新闻，长期的新闻实践证明，真正有价值的新闻是记者用脚在基层走出来的。《人民日报》记者刘晓鹏直言，不到基层去，总隔着玻璃窗，眼睛就看不清楚；不到基层去，从材料到材料，思考就不够深入；不到基层去，通篇干巴话，表达就不够到位；不到基层去，冷暖不相知，感情就不够投入。因此，足见体验式采集的重要地位。

具体来说，体验什么呢？

第一，体验某一项具体工作，从头到尾跟完。比如教师节采访报道一位教师，可以选择某一位老师，全程参与他的某一项工作，他干什么你就干什么，他几点休息你就几点休息。

第二，体验某种生活，从睁开眼到睡觉。比如做“五四”青年节报道，选择某一个青年人，与他共同生活一段时间。

第三，体验当事双方不同的观察角度。比如报道一场官司，可以分别与双方当事人沟通，了解事情原貌。

在生产融合新闻的今天，体验式采集依旧具有极其必要的存在意义：首先，体验式采集要求新闻工作者深入受访者的实际生活中去，通过亲身感受获取素材，而这种方式能够极大地减少由于中间环节过多而导致的信息损耗，从而大大提高被传递信息的可信度。特别是在网络普及的今天，太多信息源不明、信息内容模糊的素材充斥于网络，这也给融媒体新闻的制作带来极大的风险和困难。其次，体验式采集能够延续记者这一行业光荣而崇高的传统——“铁肩担道义，妙手著文章”，改变如今一些新闻媒体浮于表面的作风，通过深入实际的亲身体验，密切联系群众，从而采集到真实感人的新闻素材。

4.隐性采集

隐性采集，也称秘密采访或者暗访，是指记者由于某种原因而不公开身份的采访。这种采访方式在新闻界已经有了比较长的历史，普利策新闻奖每年都会有一些奖项颁发给那些通过暗访采集到独特素材的新闻作品。

(1)意义。隐性采集对于新闻采集活动有着相当重要的意义。首先，它是公开采访的重要补充。当记者表露身份无法开展正常采访，或开展正常采访也无法获取事实真相时，隐性采访就能作为一种补充方法使用。其次，由于隐性采访是在被采访者不知情的情况下进行，可以保证素材采集的客观性和真实性，往往能抓住问题的本质。

(2)负面影响。当然，隐性采访是一把双刃剑，用得好可以帮助记者搜集新闻素材，用不好可能会引发很多的问题，如“侵犯隐私权”“侵犯名誉权”等。首先，要注意回避违法性问题。比如：记者在采访过程中突破法律禁区，侵犯了他人的隐私权、名誉权，在社会中造成不良影响；记者过分参与到新闻事件中，哪怕是揭露违法犯罪活动，也是以身试法，从而违反法律。其次，隐性采访也存在虚假性，隐性采访不可避免带有“策划新闻”的色彩和自导自演的痕迹，因此我们也会看到类似于“塑料紫菜”的假新闻通过暗访的方式被炮制出来。最后，我们也需要注意，虽然有些隐性采访能让记者获取通过正常采访方式不能获取的新闻信息，然而我们并不能把隐性采访当作一种普遍的采访方式，特别是对于一般性事件，隐性采访往往会取得适得其反的效果。

通常来说隐性采访需谨慎使用。首先，隐性采访只能是“不得已而为之”，不能过于普遍；其次，隐性采访不可涉及国家机密和公民名誉和隐私；再次，隐性采访要保证客观真实，要把事实核对清楚，避免虚假新闻；最后隐性采访往往涉及的都是揭黑式的报道，记者要学会保护自己。

(三)文字新闻素材采集后的处理

由于新闻从业人员受业务技能、心理情绪、采集环境等各种因素的干扰，所采集的文字新闻素材本身的准确度必定会受到影响，这就需要我们对文字新闻素材进行检验和整理。

1.对文字新闻素材的检验

所谓检验，就是检查出所搜集的文字新闻素材中的不真实、不准确、不精密、不统一以及不科学的地方。文字新闻素材与其他素材不同，不能直接判断其真伪，需要用一系列的方法对其进行检验。

(1)逻辑推理法。这种方法主要依靠记者自己的知识、经验、逻辑推理能力及判断力，对采集的信息所包含的事实和细节等进行分析，找出前后矛盾、说法不一的地方，进而发现问题。

(2)核对法。通过权威资料及权威人士来对文字新闻素材进行检验，比如一些突发性的新闻，就要立即询问相关权威部门，核对新闻信息。

(3)求证法。这里求证的对象依旧是当事人、有关人员。通过对新闻事件的再次深入求证来对新闻素材进行检验，记者可以再次亲临现场，也可以再次与受访者进行联系，对新闻真实性进行确认。

以上三种方式有着各自的适用范围，不可相互替代，但可以互为补充，利用好三种检验方法，文字新闻素材的可信性及客观性也会有极大的提高。

2.对文字新闻素材的整理

初入记者行业往往都会有这样的烦恼：明明记录了满满一本子的采访笔记，可当真要写成稿件的时候，却发现一些重要的新闻细节漏记了，甚至记错了，或者由于字迹不清，记者难以辨认了。这样会直接影响对新闻素材的检验，甚至影响新闻成品的质量。这就需要记者对文字新闻素材进行及时整理，可以参考以下几个方面。

(1)依照采访记录回忆采访过程。这一步主要是对采访记录中明显的错误和不完整的地方进行改正和补充，并且配合回忆，对采访记录进行适当的添补，特别是对于一些细节方面(如当事人的表情、动作等)的补充。

(2)筛选出可能会用到的素材。这一步需要记者对新闻写作有一个基本的认识和把握，并根据既有的思路，对素材进行初步筛选，与主题无关、缺乏事实依据的素材直接抛弃，选择那些能够表现核心主题、反映实质问题的素材进行着重标记。

(3)根据提纲对素材进行分类。这里要求记者根据主题的要求，对每一部分需要哪些素材有一个明确的认识，并如拼图般把素材安插到正确的位置。

二、报纸记者的思辨能力培养

思辨能力是一个合格新闻采集者的基本素养,也是最重要的一项素养。新闻记者自身的新闻敏感度、信息的真假鉴别能力、材料的综合与思考能力、政策的解读与把控能力等,都将最终影响新闻报道的效果。

(一)从文化修养和业务能力开始,夯实基础

思辨能力需要分析、推理、判断等思维活动,这就需要记者有一定的文化修养和业务能力。新闻记者思辨能力的培养必须先从文化知识和业务能力培养入手。尤其是融媒体时代,新闻记者具有广博的知识面显得更加重要。一名好的新闻记者的业务能力应该体现在语言表达、才华与学识、组织能力、道德情操、写作水平等多方面,这样才能在新闻工作中得心应手,完成日常和重大的采访任务。

采访对象可能是专家、学者、权威人士、普通市民、干部、警察、医生……这就需要广泛的知识积累和灵活的应变能力。只有记者提高了自己的文化知识和业务能力,看待事物的眼光才会提高,视野也会变得开阔起来。中央电视台王牌节目《焦点访谈》《新闻调查》《东方时空》的主持人无一不具有深厚的学养和较强的思辨能力,他们的报道往往富有深度和内涵。

(二)从批判性的思维入手,培养创新意识

批判性思维本质上属于反思性的思维方式。新闻报道源于发现,新闻记者要善于用敏锐的眼光发现新闻。很多时候新闻记者无法预知什么时间会遇到新闻线索,这也是对记者的最大挑战。如果新闻记者善于用批判性的思维方式,不但有助于发现有价值的新闻,而且有助于顺利完成采访过程的提问。此外,还要针对采访对象所做出的辩护性解释或者说服性论证进行提问。比如:所坚持的观点和理由是什么?对方的解释与论证是否存在错误?

批判性思维训练,不仅能帮助记者从纷繁的信息中提炼出清晰、透彻的内容,还能帮助记者进行自我反思。比如:在采访中是否导入了自己的先入之见?提问是在真正挖掘本质、价值,还是受情绪或某种观点影响而导致的故意刁难?如此等等。

(三)多角度提出问题,探寻求异思维

求异思维也叫逆向思维,当大家都朝着一个固定的思维方向思考问题时,而你却独自朝相反的方向思索,这样的思维方式就叫逆向思维。我国传统的新闻报道往往习惯于从传统的经验中去寻找解决问题的办法。由于新闻报道对象的多变性和社会生活的复杂性,一篇好的新闻作品不仅需要有价值的新闻事实,还需要有作家的文采、鲜活的形式。这要求记者在新闻实践中不断进行反思。培养新闻记者的求异思维,不仅能激发新闻记者的创新精神,而且能拓宽新闻报道的全面性。

(四)养成宏观思维习惯,拓宽思维广度和深度

所谓宏观思维是指记者从全局和整体出发,用综合分析的方法来思考问题,并将相关问题放入更加广泛的社会背景下和社会系统中进行分析的思维方式。

作为新闻记者,要穿透新闻事实表象、挖掘出更深层次的新闻价值,就要对新闻事实进行深入的分析,由表及里地揭示事物本质,将得到的新闻素材加工成为高附加值的新闻作品。否则,即使你发现了新闻,也往往流于表面,甚至被假象所迷惑。

第二节　广播新闻采集

广播新闻是以广播的传播手段对新近发生的或正在发生的新闻事实的报道。广播新闻采集主要包括以下几个方面。

一、广播新闻的声音采集

广播是听觉媒体,要求记者通过采集新闻现场的新闻人物、新闻环境的声音来进行报道。下面通过一个案例来看看广播新闻报道的强大感染力。

案例 5.2

惊心动魄160分钟——首次揭秘“长五”推迟发射

【现场背景录音】

昨天晚上8点34分，文昌航天发射场指控大厅里，灯火通明，警戒线内，专家们很多都不在贴有自己名签的座位上，而是三三两两地聚在一起，指着有各种密密麻麻数据的LED大显示屏低声交谈，所有的目光都齐刷刷盯着前方：

【零一号指挥员胡旭东：“各号注意，6分钟准备！”】

此时，大屏幕上方仍然延续了一小时前的显示数据，预计点火时20点40分，零一号指挥员胡旭东的声音再次出现时听起来却让人一愣：

【零一号指挥员胡旭东：“各号注意，阵地将推迟下达3分钟准备。”】

大屏幕上方也出现变化：预计点火时变为20点41分，随之而来的是，指控大厅内响起了此起彼伏的电话声，【电话声】1分多钟之后：

【零一号指挥员胡旭东：“107继续倒计时。”】

人们开始松了一口气，3分钟倒计时口令重新启动：

【零一号指挥员胡旭东：“各号注意，3分钟准备。”】

【电话声】

时间继续推进1分钟：

【零一号指挥员胡旭东：“各号注意，阵地推迟下达2分钟准备。”】

第二次推迟的口令发出前后，大厅内的人们脸上就像盛夏的天气，从艳阳天瞬间变成了阴云密布，而大屏幕上方预计点火时已经变为20点42分……

【零一号指挥员胡旭东：“各号注意，2分钟准备！”】

终于，“2分钟准备、1分钟准备”【零一号指挥员胡旭东：“2分钟准备！”】的口令声再次响彻大厅：

【零一号指挥员胡旭东：“各号注意，1分钟准备！”】

十几秒后，眼看火箭就要腾空而起：

【零一号指挥员胡旭东：“倒计时停。”】

虽然只有四个字，仍然让人有泰山压顶之感。好消息在25秒之后到来：

【零一号指挥员胡旭东：“1分钟准备！”】

很快，口令声密集起来，【零一号指挥员胡旭东：“1分钟准备、50秒、40秒……”】50秒、40秒、30秒……人们的焦虑程度也在一点点变小，时针指向20点43分：

【零一号指挥员胡旭东:"4、3、2、1……点火!"】

点火口令发出9秒后,长征五号8台液氧煤油发动机和2台液氢液氧发动机终于达到1060吨级的推力,【火箭点火音响、口令声、掌声】火箭发出了震天的怒吼、喷出橘色的烈焰、一飞冲天,海天之间仿佛瞬间升起了一个太阳,白昼再次降临。

【掌声】

【级箭分离口令声】

约30分钟之后,载荷组合体与火箭成功分离,进入预定轨道,长征五号首飞任务发射场区指挥部总指挥长王经中宣布:

【"长征五号运载火箭首次飞行任务获得圆满成功!"】①

这是一则由中央人民广播电台记者张棉棉、丁飞、马喆、吴媚苗采编的广播消息,这则报道呈现了我国最大推力运载火箭"长征五号"发射前多次推迟、一波三折的全过程。该报道是全国广电系统的首发,更显得弥足珍贵。

记者在发射当天上百个口令声中,选出标志性、阶段性的20多个口令声(录音原声)在报道中呈现,层层叠叠,为听众营造了真实而紧张的160分钟,也是一个火箭成功发射的背后故事。从6点到6点半,到7点、7点半……随着发令员的一次次发令,带动听众的心跳一次次加快,让听众未到现场,却仿佛身临其境、亲"耳"见证。除了发令员的声音,专家离席、三三两两低声交谈、不断响起的电话声,这些都被有心的记者记录下来,共同构成了这个我国航天史上的重要时刻。

重大选题中的小概率事件,中国最大推力运载火箭"长征五号"推迟发射备受海内外关注。记者突破常规报道形式,改为用广播特写展现火箭推迟发射背后惊心动魄的全过程,挑选众多典型性音响为听众还原了当时现场160分钟的情景,让听众随着节目一起仿佛置身发射现场,脉搏随着"长五"发射的重要时间节点而跳动,用广播特写的方式充分发挥声音的魅力。

这篇稿件最吸引人之处就在于对声音语言的采集与运用。声音语言包括人的声音、自然的声音等等。这篇稿子大量运用了人的声音,既有倒数计时,也有人物感想,生动还原了160分钟的紧张与激动,集中体现了人类活动的能动性、创造性、组织性。

① 本消息荣获第二十七届中国新闻奖广播消息一等奖,选入时文字有删改。

（一）音频新闻素材的采集方式

1.数码录音笔采集

数码录音笔，也称为数码录音棒或数码录音机，是数字录音器的一种，为了便于操作和提升录音质量，造型并非以单纯的笔形为主，主要特点是携带方便，同时拥有多种功能，如激光笔功能、FM调频、MP3播放等。与传统录音机相比，数码录音笔是通过数字储存的方式来记录音频的。数码录音笔通过对模拟信号的采样、编码，将模拟信号通过数模转换器转换为数字信号，并进行一定的压缩后进行存储。而数字信号即使经过多次复制，声音信息也不会受到损失，保持原样不变。

2.机采录音

所谓机采录音，顾名思义即通过计算机的输入设备及自带软件完成录音。如今计算机的音频输入设备主要以麦克风为主。从表现形态上来看麦克风可包括内置麦克风和独立麦克风，内置麦克风广泛存在于MP3、录音笔等设备中，而独立麦克风则是音频采集设备的传统形式。

从融媒体新闻采集角度来说，机采录音主要适用于以记者或主持人为“第一人称”的音频素材或者一些较为正式的节目素材处理。虽然机器不方便携带，但所采集的音频质量更高，噪音更少，适用于一些多媒体新闻节目的画外音、对白的制作。

3.录音棚采集

录音棚又叫录音室，它是人们为了创造特定的录音环境声学条件而建造的专用录音场所，录音室的声学特性对于录音制作及其制品的质量起着十分重要的作用。录音棚主要需要电脑、专业声卡、调音台、麦克风、话筒放大器、人声效果器、监听音箱、耳机和耳机分配器等设备。我们经常看到歌手在录音棚里录制最新的歌曲，而大多电台节目、电视节目都是在录音棚里完成对音频的采集。

4.其他采集方式

随着技术的进步，音频的采集变得更为方便和简单，我们身边很多数码产品都有了音频采集的功能，如智能手机、平板电脑，都内置了麦克风和录音系统，与此同时，录音软件也更为专业和多元化。作为新时代的多媒体记者，我们要改变传统的采集习惯，学会根据不同的采集条件选择设备，这样才能真正采集到有用且高质量的音频素材。

（二）音频新闻素材采集的基本要求

音频新闻素材的采集有着严格的要求，主要包括：

1. 音频素材的真实性

区别于其他广播类专题节目，广播新闻节目所需要的音频素材必须具备真实性。另外，务必要谨慎使用音效和音乐，避免影响新闻的真实性。

2. 音频素材的新闻性

新闻价值是判断音频新闻素材优劣的一个重要指标。对于某个采访对象，可供采集的声音往往是纷繁复杂的，不可能也没有必要"有闻必录"，哪些要录、哪些不录等都体现了记者对新闻价值的判断和理解。这要求记者要培养自身新闻敏感度，及时发现和选择复杂声音世界中具有新闻价值的那部分。

3. 音频素材的新颖性

音频素材同其他新闻素材一样，也要注重新颖，这样听众才愿意听、喜欢听。平常生活里，我们能发现太多重复的音频素材充斥着我们的电台节目，如描述违法犯罪就一定是警笛呼啸，反映热闹场面一定是锣鼓喧嚣，这样的广播节目又如何能获得收听率呢？所以一定要在确保素材真实性、新闻性的同时，注重素材的新颖性，这样才能立于不败之地。

4. 主体音响突出，效果清晰

如果音频素材效果不清晰，会直接影响收听效果，进而影响节目质量。而作为一种声音的叙述方式，需要体现主次。试想在一个毫无主次的音响环境中，受众除了不知所云以外也不会有任何的好感。

二、广播新闻的现场采访报道

广播新闻的现场采访报道是指记者运用音响和现场解说，对正在进行的新闻事件进行新闻事实描述和现场情景报道。广播新闻运用这一形式使现场报道比其他新闻报道形式更具有现场感、真实感。那么广播记者应该如何做好现场报道呢？

（一）提高自身的业务素质，增强对新闻的敏感性

相同的一个事件，有的新闻记者报道出来，能够给人一种引人入胜的感觉，

但有的新闻记者报道出来，却给人一种味同嚼蜡的感觉，没有那种生动、有趣的收听感受。因此，要提高广播新闻的现场报道质量，记者必须要加强学习，不断丰富自身阅历，积淀知识，使自己的综合能力得到提升，厚积而薄发，这样才能为做好广播新闻报道打下基础。

（二）做好充分的采访前准备工作

首先，记者应搜集和研究与采访相关的素材，同时制订采访方案，能够及时应对突发事件。其次，记者要了解国家相关的政策。不同时期，国民动态、国家政策都有所不同，在进行现场报道之前，应详细了解每个时期的国民动态和国家政策，这样才能结合实际做好新闻报道。最后，记者要熟悉了解报道的事件、人物。熟悉采访对象是接近采访对象的重要途径，也是做好提问的前提。采访对象不同，记者要了解的采访内容的重点也不同。

（三）及时采录现场音响

声音是广播传播的符号，而音响是声音的重要因素。在广播新闻中恰当有效地运用音响能使报道的内容更加鲜活、有力、厚重、可信。曾荣获1993年度中国广播奖消息类一等奖的《隆福大厦火灾目击记》的报道中就是巧妙地运用音响的一篇录音报道。记者及时赶赴现场，进入“现在进行时”的报道时态。音响也很典型，有砸碎玻璃声、喷水声和消防队员的喊声——“李强，接她一下，接她一下，好了好了”，还有咳嗽声。由于记者深入灭火第一线，将自己所见与所闻生动、及时地向听众报道，较好地发挥了听觉感染力，使听众如临其境，仿佛置身在新闻现场。

（四）注意采访过程当中的提问

一方面，记者的提问要简洁明了并具有指向性。记者的提问要让采访对象迅速理解问题的意思，并做出反应，提供记者所需的相关新闻信息，明确而不拐弯抹角。记者应在恰当的时间、地点针对合适的对象提出问题，把准确的信息内容传递给听众。

另一方面，提问要有情感交流与人情味儿。在新闻采访的过程当中，记者的提问是获得新闻信息的一个重要手段，因此新闻记者是否具备高超的提问技巧，对采访的质量有着极大的影响。提问除了做到言简意赅、具有指向性外，还要做到有情感、有人情味儿。有很多记者会在进行采访前将需要提的问题写在本子上，到了实际采访的时候，再拿出来对照本子上的问题向采访对象提问，这样做确实能够化解一些采访过程当中可能出现的意外情况，保证采访的效率。但是这样做的一个弊端是将采访变得机械化，让人感受不到记者与采访对象之间的情感交流，这不仅会使采访对象有一种被审问的感觉，更会使广播新闻的听众感到呆板、没有活力，从而放弃收听新闻。因此，记者在采访提问的过程当中，应当尽可能地注重提问的方式，与采访对象进行情感交流，这能够使采访对象与广播新闻受众感受到新闻的活力与情感性。

（五）记者要有较强的语言组织能力和表达能力

语言组织能力是记者在短时间内做好语言组织，把最真实、最直接、最客观的画面带给听众，使听众更加准确地了解新闻事实的能力。语言表达能力是记者用语言来表达自己的思想、情感，表述新闻事实本身，以实现与观众或采访对象交流的一种能力。一般情况下，现场采访都是记者边采访边叙述，记者需要有较强的语言组织能力和表达能力，让听众能够更加准确地了解记者的所见所闻以及事件过程，把现场生动的画面展现在听众面前。

综上，广播记者只要不断地积累和学习，不断地提高自我素养与能力，一定可以做好现场采访，成为一名优秀的广播记者。

三、广播新闻现场音响的采录

广播新闻现场音响的采录可以分为录音采集、电话采集、演播室采集三种类型。

（一）录音采集

所谓录音采集，又被称为话筒前采访，是我们时常见到的一种采集形式。即记者手持话筒，或身上携带微型录音机等设备，在新闻现场采集人物讲话、现场音响并做现场口述报道的活动。

作为一个合格的融媒体记者，我们应熟悉各种话筒、录音笔的性能，并会选择合适的设备。随着技术的进步，虽说录音设备的操作愈加简便，然而作为专业人员，我们还是要对录音设备的原理构造有所了解，这样才能更好地发挥设备的作用，比如对音频质量要求比较高或者音响太过嘈杂时，就适合用话筒这样抗干扰能力较强的设备，而在处理突发新闻，要求设备随身携带时，小小的录音笔或许是记者最好的选择。

不得不说,录音采集能够很好地还原新闻采访的现场,不仅可以提高广播新闻节目的现场感,还可以帮助记者撰写报道时进行回忆,大大节省记者做笔记的时间。当然我们也要看到其局限性:其一是手持设备采访会给某些采访对象带来不适的感觉,容易造成其紧张和注意力分散;其二是当录音时间过长时,对于素材的整理将是个耗费时间的过程。

(二)电话采集

电话采集并非音频素材采集的专利,无论是文字还是视频素材采集都会运用到这样的手段,然而这里所说的电话采集,更多的是将电话中的声音作为主体呈现在新闻作品中。

电话采访必须遵循以下的原则:首先,采访之前要亮明身份,表明采访意图;其次,电话录音要征求采访对象的同意;再次,采访结束后要核对采访内容的要点;最后,电话采访要尽量简洁、注意礼貌。

当然,随着广播事业的发展,电话采访渐渐衍生成一种新的报道形式,即记者通过电话与演播室进行连线,进行现场口述式报道。通过这样的手段,一方面记者的报道可在第一时间传播给受众,另一方面背景声音也增加了新闻的真实性和现场感,提高了音频新闻素材的质量。

(三)演播室采集

演播室采集即把采访对象请到演播室进行面对面的讨论和采访,如人物访谈、主持人与嘉宾的座谈等。通过演播室采集的音频往往声音质量较高,内容较为丰富。但在操作过程中,我们仍需注意下面的问题:

(1)注意事前指导。演播室采集是一种较为正式的采集手段,相比电话采集和录音采集,会给采访对象造成更大的心理压力,特别是那些从未接受过演播室采集的采访对象,想要其表现自然,就必须对其进行事前指导,告诉其节目流程、问题范围等,从而获得更好的合作效果。

(2)控制时间长短。演播室采集中,记者更多时候以主持人的身份出现,这就需要其具备良好的控场能力,特别是对时间的控制。如何既完成采访任务,又将时间控制在许可范围内,需要新闻工作者的反复尝试和努力练习。

(3)主题和问题的预先设置。演播室采集要有明确的采集目标,围绕这个目标设计问题,这样才能保证在有限的时间获得更加有用的音频素材。

第三节　电视新闻采集

自从电视新闻产生以来，视频新闻素材就有了用武之地，而网络的兴起又让这些素材有了新的表现渠道。由于表现形式的不同，这也决定了视频新闻素材的采集区别于其他采集方式，有着自己独特的地方。

一、电视新闻的视频采集

电视新闻的基本要求与报纸、广播新闻一样。不同的是，报纸的最终产品是文字，广播的最终产品是声音，而电视的最终产品是视频（画面、声音和字幕）。

案例 5.3

成功了！珠峰高程测量登山队今天登顶

【导语】

今天（27号）上午11点，从世界之巅传来捷报。2020珠峰高程测量登山攻顶队员克服重重困难，成功从北坡登上珠穆朗玛峰顶。接下来，我们就跟随记者镜头，重温登顶之旅。（接片子）

【同期】央视记者 杨潇

现在是北京时间5月27日凌晨1:30，我们可以看到珠峰大本营现在下着非常大的雪，但是在这个时间节点，大本营几乎没有人入睡，他们都在帐篷里在焦急地等待一个消息，就是2020珠峰高程测量登山队向顶峰发起冲击的命令。

【同期】现场

这里是大本营，大本营，仪器和设备都检查好了没有？准备好了。那你们就准备出发吧。好的，正在穿冰爪，马上。

【标题】凌晨出发 历经近9小时抵达珠峰峰顶

【正文】

凌晨2点10分，8名测量登山队员开始向珠峰峰顶迈进，利用近9个小时的时间，在连续突破珠峰“三大台阶”后，测量登山队员于今天上午11时，成功抵达珠峰峰顶，开始树立测量觇标，与周边6个交会点开始同步开展峰顶交会测量，使用GNSS接收机通过北斗卫星进行高精度定位测量。

【同期】自然资源部第一大地测量队队长 李国鹏

数据正常传输的话，就基本上意味着我们外业测量这一部分已经取得了成功，后续就是我们进行精密数据处理的问题了。

【同期】中国登山队队长 王勇峰

今年我们珠峰高程测量，实际上整个所有过程都超过了我们的经验和想象，我们队员在这样的情况下，我觉得现在他们已经完成了祖国和人民交给的任务。

【标题】完成峰顶测量任务 创造停留时长新纪录

【正文】

除了树立觇标，测量登山队员还使用雪深雷达探测仪探测了峰顶雪深，并使用重力仪进行了重力测量，这也是人类首次在珠峰峰顶开展重力测量。下午1点半，队员成功完成峰顶测量任务，开始下撤，队员在峰顶停留超过两个小时，并由此创造了中国人在珠峰峰顶停留时长的新纪录。①

这是一则由央视《晚间新闻》在2020年5月播出的电视新闻。从上述电视新闻文字稿中可以看出里面有大量的人物语言，在制作电视新闻时会配以对应的电视画面，这就构成了新闻现场。文字新闻的语言逻辑与电视新闻的语言逻辑是不同的，前者讲究的是文字信息的组合、汉语语法、篇章结构，后者讲究的是声画同期声、人物语言、画面构图、蒙太奇手法运用。因此视频的采集要求就与文字的采集要求存在很大的不同。不同的符号体系，最终呈现的效果也就不一样。

甘惜分在《新闻学大辞典》中提到，电视媒体以声音和图像相结合的方式迅速地进行信息的传播，纪实性强，有现场感，影响面大，有感染力。这篇报道运用了同期声、解说词、画面、动画图表等多种电视媒介符号进行传播，声画一体，传播到位。首先，同期声带来较强的感染力。在该作品中使用了多处同期声。如："这里是大本营，大本营，仪器和设备都检查好了没有？准备好了。那你们就准备出发吧。好的，正在穿冰爪，马上。"通过对话形式的同期声更是将现场氛围渲染得淋漓尽致，这是仅通过画面所不能达到的效果。其次，解说词与同期声配合良好，达到了好的传播效果。本新闻报道的声音只含有同期声与解说词，其结构是：解说词（导语）—同期声—解说词—同期声—解说词（结束）。从结构上不难看出，解说词和同期声相互穿插，打破了电视新闻配音加画面的生硬面孔，使整个片子不仅在形式上更加活泼，而且十分简洁明快。最后，画面拍摄到位。电视画面是电视新闻最重要的符号之一，这篇新闻的画面虽然不是非常精致，但是胜在整个画面给人真实的感觉。无论是现场的恶劣环境，还是登顶和测量，特别是

① 本消息荣获第三十一届中国新闻奖电视消息二等奖，选入时文字有删改。

冒着生命危险采集关键数据的过程，使电视新闻画面达到震撼、精彩的效果，令人印象深刻。电视新闻视频采集的主要特点有：

（一）采集手段独特——声画一体

视频新闻素材主要借助数码摄像机、电子编辑机等声画一体的现代电子采集手段进行采集。文字素材采集往往是轻装上阵，对装备要求较低，而音频、图片素材采集，也大多只是采用录音机或者相机等设备即可。视频素材要求声音与画面同时存在，这就需要在确保摄录图像的同时，兼顾声音的采集。于是我们经常能够看到电视台记者采访时往往成群结队，携带大包小包，为保证图像质量采用专业的摄像机，为保证声音质量使用随身麦克风甚至吊杆话筒等设备。

（二）采集思维独特——蒙太奇

简要地说，蒙太奇就是把分切的镜头组接起来的手段。随着蒙太奇理论的发展，其也从单纯的镜头组接技巧变为一种创作方法，并沿用至今。电视新闻的视频采集，要求记者要有独特的蒙太奇思维。视频新闻素材采集时，记者不仅仅要像采集其他素材时那样了解新闻背景、明确主题中心，还需要对画面进行构思，如用什么样的画面开头，以什么样的细节过渡，再以什么样的画面作为结尾。而在采集过程中，这一思路将更加明确，每个画面如何联系在一起，拍摄时间多长等问题都需要考虑。

（三）采集形式独特——直接记录

电视节目大家肯定都不陌生，其最大的特点就是画面与声音的直观性，即现场是什么样的，呈现在受众眼前的就是什么样。我们知道，文字新闻采集是把记者所听、所看、所感受到的东西转化为文字，才能传递给受众，受众接收后要对文字背后的信息进行解读，这样容易造成信息的失真。广播新闻采集仅仅记录声音，受众收听节目时缺少视觉感官的参与，因此也会影响受众的直观感受。只有电视新闻的视频采集是以一种原始的方式直接记录，所见即所得，从视、听的双重体验将新闻现场完整呈现给受众。

二、电视新闻视频的采集要求

（一）多使用固定镜头

电视新闻的拍摄应尽量少用推拉摇移，多用固定镜头。原因在于每条电视新闻的时间都有严格的限制，而固定镜头表达的内容要多于单一镜头，这就使镜头的使用效率大大提高，从而使新闻节奏明快。当然，慎用推拉摇移并不是不用，而是要用得恰到好处，根据其不同的情境、不同的目的配合使用，从而使电视新闻生动而精彩。

（二）突出主体，角度常新

视频新闻的核心在于突出主体。要始终将新闻的主体作为镜头的主体，与此同时，要注重角度的创新。拍摄角度的变化影响主体与陪体、前景与背景以及各方面因素的变化。不同的拍摄角度具有不同的侧重点和表现力。因此，在突出主体的同时，要注重对角度的创新，从而获得更有力的视觉表现感。

（三）善于挑、等、抢

挑、等、抢是电视摄像记者的基本功。在前期采访拍摄中，必须根据新闻主体及人物的特点，把那些最能表达人物内心世界及事物特色的关键画面在磁带上"定格"，为此必须练就一身挑、等、抢的过硬功夫。

挑就是有所选择，把那些最具视觉感染力的场面抓下来，舍弃可有可无的冗余场面。

等就是要有等待的耐心，坐不住的记者是无法捕捉到那些在平静中爆发的精彩瞬间的。

抢就是当等待已久或突然出现的巨大变动在面前出现的时候，要不失时机地捕捉下来，变瞬间为永恒，不然就是电视摄像记者的失职。

（四）捕捉第一细节

所谓第一细节，即事件最初表现的状态，如人物的第一反应等，这样的镜头最具真实感和现场感，也最为震撼人心，应该是摄像记者全力捕捉的重点。

(五)要参加采访的全过程

摄像采访是一种创造性劳动,必须有真情实感的投入。为此,摄像记者事先必须对新闻事件、采访目的、拍摄重点、拍摄角度及拍摄方式等做到心中有数。采访结束后,应参与后期编辑,对自己的拍摄材料做出正确评价,以便下次工作中加以改进。

三、出镜新闻记者的素养要求

(一)出镜记者的素养

1.道德素养

出镜记者的道德素养主要包括思想政治素养和职业道德素养。

(1)思想政治素养。出镜记者具备良好的思想政治素养才能坚持正确的政治方向和政治立场。电视等媒介肩负着为人民服务、为社会主义服务的重要而神圣的职责,同时也肩负着弘扬爱国主义、社会主义、集体主义思想的重任,因此,出镜记者拥有较高的思想政治素养才符合我国的基本国情。

(2)职业道德素养。出镜记者的职业道德素养包括高度的敬业精神和强烈的社会责任感。出镜记者的敬业精神至关重要,关系到电视等媒介的社会功能能否顺利实现。此外,新闻事件常属突发事件,有时还蕴含着危险因素,到达现场做真实、快捷的报道,正是出镜记者敬业精神的体现。

2.业务素养

著名节目主持人敬一丹曾经说过:“实现真正的对话,要有一种资格,一种被采访对象心理接受的资格。”出镜记者的业务素养包括深厚的学识修养、良好的语言表达能力和应变能力。

(1)深厚的学识修养。深厚的学识修养是出镜记者驾驭采访报道的基础,是出镜记者临场发挥,处事不惊的信心保证,是出镜记者塑造良好形象的前提条件。没有深厚的学识修养做后盾就难以迸发智慧的火花,只有博闻强识才能给观众提供深层次的引导,才能满足观众的高层次需求。

(2)良好的语言表达能力。记者出镜做报道,是随着新闻事件的变化而及时组织语言进行口述,没有时间反复推敲,这就要求出镜记者语言逻辑性要强,出口成章,有较强的口语表达能力,表达流畅,让观众一听就明白。

(3)应变能力。出镜记者无论是在话筒前还是在摄像机前都要临场不乱,沉着、冷静、机智地处理问题,这样才能吸引受众注意力,从而提高新闻传播效果。

3.人文素养

出镜记者的人文素养包括人文关怀和人际关系的平等自由。

(1)人文关怀。现代社会越来越重视人文关怀。在采访过程中不仅要挖掘新闻事实,还要注重其表现与传播方式。重视人文关怀是增强媒体伦理意识的必然要求,做报道应充分考虑被采访者的感受以及尊重他们的人格,而不是围观和看热闹。

(2)人际关系的平等自由。现代社会是法治社会,人与人之间是平等的。记者和被采访对象之间的关系也是平等的。在电视新闻节目中,有的记者采访领导时就一味地赔笑脸,说话小心翼翼,而被采访对象是弱势群体时就表现出一副高高在上的样子。记者对被采访对象应该是一视同仁的,对领导不卑不亢,对弱者也要充分尊重。

4.特定的综合素养

出镜记者的综合素养包括:对新闻现场的判断力、对自身情感的把握能力和善于倾听。

(1)对新闻现场的判断力。中央电视台《新闻调查》记者柴静曾经说过,进入新闻现场,觉得新鲜的信息就像从头上浇下来的一盆水,你觉得眼睛、鼻子、耳朵里到处都是。这说明一个有敏感度的记者初到新闻现场面对的信息是大量而复杂的,这就需要记者对新闻背景和现场信息迅速加以判断。

(2)对自身情感的把握能力。缺乏对自身情感把握能力往往使记者走向两个极端:一是过度沉迷于现场气氛,或欣喜若狂,或悲愤不已,忘记了自己的职责所在;一个是情感冷漠,面无表情。《新闻调查》的出镜记者王志说:"要成为优秀的,首先必须是职业的。"作为电视新闻记者要有强烈的是非观作为情感表达的基础,也要有记者的客观公正精神,从而更好地履行自己的职责。

(3)善于倾听。掌握倾听技巧,善于倾听是对他人尊重的表现,也是对被采访对象畅所欲言的一种期待。崔永元曾介绍自己的采访经验,他认为采访的核心目的是得到新闻事实,因此记者要给对方说话的权利,也是给自己探寻新闻事实的机会。记者自己侃侃而谈,口若悬河,几乎变成记者个人的脱口秀,是万万不可取的。

（二）出镜记者的形象

出镜记者的个人形象不同于一般的个人形象，它是集出镜记者个人形象、节目形象以及所代表的大众传媒组织三层形象于一体的组合体。优秀的个人形象可以为节目形象增添光辉，良好的节目形象又可以为媒体形象增添光辉。所以出镜记者的形象不容忽视。

为了展示记者亲切、真实的一面以及提高新闻报道的亲切感和现场感，出镜记者提倡本色出镜，但这并不意味着出镜记者可以不修边幅，随心所欲，我行我素。记者出镜应对自身的着装、仪表等方面严格要求。在采访时，出镜记者要避免把生活中的一些不良习惯动作带上屏幕，着装要大方，与采访环境相协调。在镜头前要稳重，无论是坐、是站、是行，姿态都要端正得体，避免故作深沉或自我欣赏，否则这些非语言符号传递的信息将会影响总体传播效果。

本章小结

融媒体新闻采集包含多种形式和手段，对于选择怎样的采集方式需要慎重。无论是文字采集、音频采集还是视频采集，在采集的过程中一定要在保证记者自身的安全条件下合理合法进行，切忌为了获得第一手的新闻素材以身试法。收集好的素材需要进行有效的处理。新闻讲求时效性、准确性、简洁性，高效的素材处理可以为后期新闻的创作节省时间。作为记者需要客观冷静地考虑新闻的整体性，这也是作为记者的职业素养。

第六章

融媒体新闻采编规则

本章引言

新闻事业是从16世纪开始的，以威尼斯的手抄新闻为发端，经历了手抄新闻—新闻书—新闻周报、日报三个阶段。进入19世纪，新闻事业日趋繁荣，多种新闻媒介以惊人的速度发展，并形成了20世纪报纸、广播、电视传统媒介三足鼎立的发展局面。进入21世纪后，随着互联网技术以及手机等智能媒体的发展，融媒体正在改变人们的信息获取方式，逐渐取代传统媒介成为信息传播的主阵地。基于此，各大主流媒体纷纷转型进行融媒体新闻报道，将自身平台与新媒体平台相融合。那么具体在融媒体新闻采编中，需要注意些什么？本章将对融媒体新闻采编规则进行介绍。

第一节　融媒体新闻采编的基本原则

一、基本原则——用事实说话

新闻是对客观事实进行报道和传播而形成的信息，其本质是用事实说话。无论是报纸新闻还是电视新闻，真实的报道内容是立足的根本。同样，在融媒体新闻的采编过程中，新闻内容的真实性依然是首要要求。新闻媒体报道不同于一般的自媒体传播，社会责任永远是第一位。

（一）事实是新闻的本源

我们从事新闻报道，首先要解决的问题是新闻从哪里来的。在唯物主义者看来，自然界和人类社会中发生的种种客观事实是一切新闻报道的源泉和基础。在新闻传播活动中，任何新闻都是对客观事实的报道，先有某种事实的发生，之后才有各种媒体对这一事实的报道。如果连事实都没有发生，怎么可能会有新闻？所以判断一则新闻是否是假新闻的最简单的方法就是看报道里的事实能否经得起检验，能否经得起核实。

作为新闻本源的事实大致可以分为两大类：一类是在人类社会实践中发生的事实，诸如政治、经济、军事、外交等一切人类文明活动；另一类就是纯粹的自然现象，如日月星辰、四季更迭等等。正是因为有了世间无穷无尽的事实，才会有新闻的发生。

根据新闻是"新近发生的有价值的事实报道"这一定义，可知该定义有三个关键词：事实、新近发生、报道。首先，它肯定事实是新闻的本源，是第一性的；新闻是事实的报道，是第二性的。其次，"新近发生"这一关键词也肯定了"有"这一事实，即"最近/刚刚有事实发生"。也就是强调了新闻所报道的是已经发生了的事实，只是在发生时间上进行了要求。最后，这个定义还说明了能成为新闻还必须经过"报道"，而报道就要求"有可说的内容"，也就是要有事实内容。这一定义坚持了辩证唯物主义新闻本源观，揭示了新闻的本质属性，是对马克思主义新闻观的坚持。

（二）新闻事实是经过选择的事实

世间有无穷无尽的事实，但最终被确定为新闻的却是凤毛麟角。根据陆定

—关于新闻的定义可知，新闻是人们对外部客观世界的认识和反应，是选择的“有价值的事实报道”。也就是说，新闻是一种源于客观事实，依附客观事实，为客观事实所决定、所派生的，同时又是经过选择、提炼、加工后的精神产品。

这里的“经过选择、提炼、加工后的精神产品”要选择、提炼、加工什么样的事实呢？对事实进行选择、提炼、加工绝不是指的歪曲事实、背离事实、随心所欲地改变事实，因为新闻报道的根本目的是让受众通过阅读新闻去感知事实、认识事物，否则就是“虚假新闻”。

我们还要看到，不同的新闻媒体、不同的媒介类型、不同的报道方针，所要求的新闻报道的事实是不同的。报纸新闻要求用文字去描述现场，对读者的知识水平要求相对较高；电视新闻要求用生动的声音和图像去再现现场，对观众的知识水平要求相对较低，因此不同的媒介类型选择的事实就不同。社会主义国家的新闻媒体与资本主义国家的新闻媒体因为价值观的不同，对事实的选择也不同。所以新闻事实是报道者根据客观事实本身所包含的新闻价值、人们的关注程度和自己的报道意图，通过对一般事实的不断筛选、比较和取舍而选用的事实，它常常体现着报道者的立场、认识和评价。

新闻本源问题是新闻理论和新闻实践中一个根本性的问题，不管是传统新闻媒体的报道，还是今天的融媒体新闻报道，都必须要承认这一点。是否承认事实第一性、新闻第二性，是区分唯物主义新闻本源观和唯心主义新闻本源观的分水岭。社会主义新闻工作者必须坚持唯物主义的新闻本源观。

二、新闻的生命——真实性

新闻的真实性指的是在新闻报道中的每一个具体事实都必须合乎客观实际。一方面，新闻报道中的事实应完全真实。它又包括两个层次：其一是指新闻报道中的每一个具体事实必须符合客观实际，如时间、地点、人物、事物、结果、过程及所有细节描写都必须准确无误，不得有任何的虚构和“合理想象”；其二是新闻报道中的事实概括必须真实，不夸大、不缩小，不以点带面，不以偏概全。另一方面，新闻报道中的事实和社会事实的总体要一致。我们坚持每个具体新闻报道必须真实，但是每篇真实新闻之和并不等于真实地反映了社会事实的全貌和本质。社会生活现象极端复杂，不从事实的总体和相互联系中对待事实，而只罗列一些事例，没有任何意义。

(一)真实——新闻的根本

新闻必须真实是由新闻的本质属性所决定的。新闻是对客观世界的反映，它反映的对象只能是客观存在的事实，没有事实就没有新闻。事实是新闻的本源，事实在先，新闻在后，事实是第一性的，新闻是第二性的。人们传播和获取新闻，正是因为它反映了客观真实的事实。因此，新闻报道必须真实地反映客观事实。新闻事业出现以后，新闻必须真实成了新闻工作的第一条准则。世界各国无论在政治和文化背景上有何种差异，但在新闻真实性的要求上都是一致的。

(二)真实是新闻的力量所在

社会主义的新闻事业应当对新闻真实性提出更高的要求，即不仅要真实地反映客观事实，而且要全面深刻地反映事物的本质。社会主义新闻事业之所以更强调新闻的真实性，是有其理论依据的：

其一，社会主义新闻事业是以唯物辩证法作为自己的世界观和方法论的。唯物辩证法认为，存在决定意识。存在是第一性的，而人的意识则是客观存在在人脑中的反映。在这一世界观指导下的社会主义新闻工作者在采访、编辑、制作等各个工作环节中，必须坚持实事求是的科学态度，尊重事实，实事求是地反映客观事实，完全真实地报道新闻，敢于讲真话，敢于为真理而斗争。

其二，社会主义新闻事业是人民的事业，而不是私人谋利的手段。正因为新闻事业是党和人民的事业，因而必须“根据事实描写事实”，真实、全面、及时、准确地反映客观变动的事实。只有这样才能使人民通过新闻报道来准确地了解现实、认识世界，才能符合整个国家和人民的利益需要。

正因为有这两点，所以我们说，社会主义的新闻事业应当更强调新闻的真实性。但我们要看到新闻失实现象并没有根绝，坚持和维护新闻真实性的原则，仍然是我们的一项长期而艰巨的任务。

(三)新闻真实与事实真实

报道是记者对事实的认识过程。进一步说，任何报道都只能是对事实的一种简约的、一定程度上扬弃的、概括性质的报道，不可能完全将事实原原本本地展现，即使电视新闻也是这样。

事实本身的纷繁复杂与报道不可避免的简约性是新闻报道与事实之间的基本矛盾。人们除了自己能够亲身触及的狭小范围，基本上生活在一个由媒体传播形成的“拟态环境”里。这个环境是否真实，只能依赖报道者。而报道本身，由于报道者的各种不可避免的局限，总是与现实世界有或多或少的差距。

首先，语言和文字本身的局限。再先进的媒介或手段，最终要通过人的语言和文字来描述(多数画面也要通过语言才能帮助理解)外部世界，但是我们知道，任何语言和文字都不可能完完全全地将心里所思、所构的图景描述出来。语言是指代性的，它与事物不是同一的，因而使用语言时会出现反映事实的差异，例如一个人急匆匆地走过来，可以描述说“他兴奋地走来”“他慌慌张张地走来”“他像有心事地急促走来”“他不顾一切地走过来”等等。任何语言都有经验背景，而不同文化下的语言背景是有差异的，同样一条新闻，可能会在不同的受众那里得到不同的甚至相反的理解。

其次，价值观上的局限。通常来说，报道者是生活在一定的文化环境中的，有自己的信念，处于一定的新闻体制中。另外，具体国家的新闻政策、法律、新闻事业体制，以及媒介所有者、媒介部门领导的具体指示，甚至自己本身的价值观，都会影响报道本身。

现在假定记者非常真诚地要使自已的报道完全真实，但是下面的情况还是不可避免地会被一部分受众认为不真实：记者在报道事实之前，他在传统文化中习得的知识和观念已经构造好了他的信念，超越个人的局限是不可能的，例如客观积极地报道他本人很不赞同的事情，因为超越传统和文化的束缚是很难的。这在国际报道中最为明显，即使是美国左派记者关于中国的报道，我们有的同志也认为是不真实的，歪曲了中国历史；而我们友好地报道了外国的文章，也有的外国人仍然感到不真实。双方处于对立状态时的报道，其真实性就更不用说了。

不少事实本身就体现一定的立场，它们是在一定环境中产生的，不是自然的事物。这时的报道，不论怎样力求真实、客观，对立的受众群总认为在真实性方面有问题。每个事实，报道它的记者很多，几乎一个人一个样，没有绝对相同的，那么谁更真实呢？这是由于每个人的感觉和知觉具有相对性，还有此一时彼一时的环境因素在起作用。

即使全部新闻是完全真实的，当把新闻编排到版面上或节目中的时候，世界上成千上万的事实，为什么选择的是这几条新闻而不是那几条呢？选择本身就存在是否真实地反映世界的问题，但是选择是无法避免的，只能在有限的空间或时间内反映外部世界。

(四)应划清的两个界限

1.新闻真实性与文学创作

新闻的真实性与文学的真实性是不同的,文学要求的是生活的真实,文学创作容许想象和虚构,不受人物和事件是否真实的局限。新闻的真实性则要求事件完全真实,包括情节、细节的准确。

【新闻报道】×年×月×日,××小学向学生家长下发通知,公布了新学期的作息时间安排,与以往不同的是,新学年,学校每周一、二、三、五下午将提供自愿参与的课后延时服务。

延时服务后的放学时间为:低段一二年级学生16:45开始错时放学,三至六年级学生17:30开始错时放学;周四一二年级学生14:40开始错时放学,三至六年级学生15:35开始错时放学。

学生的书面家庭作业都将会在学校内完成。延时服务费为每人每月180元。

【文学作品】一月七日,我从高雄坐高铁到台北,因为是直达台中才停靠的快车,上了车就按斜椅背,准备休息看书。

车快要启动前,忽然听到喧哗吵闹的声音从七号车厢的后端入口传来。许多乘客都被不寻常的骚动声音惊扰,回头张望。

我坐在最后一排,声音就近在身边,但是看不到人。是粗哑近于嘶吼的声音,仿佛有人趴在车门边,一声一声叫着:"你带我去哪里呀——"

2.新闻真实性与新闻客观性

新闻客观性是新闻报道的基本特征之一,它指新闻报道必须以客观事实为本源,按事实的本来面目反映事实。它包括两层含义:一是内容客观,即新闻反映的事实必须是客观存在的事实,不能无中生有,凭空捏造;二是形式客观,即新闻反映事实的方式必须客观。新闻中一般不应由报道者直接站出来发言,而主要是由事实说话。

两者都是新闻的重要原则。真实性是新闻的根本原则和最高宗旨,也是新闻的力量之所在。新闻的客观性则更多是基于新闻的操作这一层面而言,也是新闻的真实性对新闻操作提出的必然要求。没有客观性为基础,也就无所谓新闻的真实性。

我们必须坚持新闻报道中的客观性原则,那种随主观意愿将事实任意改造的做法,或记者站出来进行不必要的主观总结,是受众极其反感的。受众是有自己的判断能力的,更愿意通过客观事实的报道自己进行判断,悟出其中的道理,而不愿意接受口号式的新闻。

三、新闻失实

新闻是人写的,因而它是一种基于事实的主观性表达。在从"事实到新闻的运动"的过程中,由于新闻工作者自身的原因,有时会导致新闻失实的情况出现。

新闻失实通常可分为两种类型,一是故意性失实,一是非故意性失实。

(一)故意性失实

故意性失实是指明明知道自己所写的新闻与实际情况不符,却明知故犯,造成新闻失实。记者受名利诱惑、搞权钱交易等都是造成这一类失实的主要原因。

1.受名利诱惑导致新闻失实

市场经济条件下,我国的新闻事业也进入了市场化经营,社会效应与经济利益往往处于天平的两端,稍有不慎就会失衡。有些新闻工作者为追逐广告收入、独家效应、吸引眼球,不惜无中生有、断章取义、散布流言、夸大事实……种种失实新闻应运而生。

2007年7月8日,北京电视台生活频道《透明度》栏目播出了《纸做的包子》报道。当年6月,受聘于北京电视台生活频道《透明度》栏目的訾某,在没有发现有人制作、出售肉馅内掺纸的包子的情况下,为了完成业绩,化名"胡月",冒充建筑工地负责人,来到北京市朝阳区某院内,对制作早餐的陕西省来京人员卫全峰等四人谎称需订购大量包子,要求卫全峰等人为其加工制作包子。随后訾某携带秘密拍摄设备、纸箱和自己购买的面粉、肉馅等再次来到该小院,并以喂狗为由,要求卫全峰等人将浸泡后的纸箱板剁碎掺入肉馅,制作了20多个"纸箱馅包子",并秘密拍摄其制作过程,剪辑成节目播出后引起社会极大反响。

另外,记者在叙述事实时的有意夸大、断章取义,以及用词不准确、缺乏基本常识,也经常导致假新闻。这种情况在科技新闻中发生的频率较高。比如《美国医生操刀换人头》《地球生命只剩50年》《千年木乃伊出土后怀孕》等即属此类。

2.权钱交易导致新闻失实

新闻媒体本身拥有报道的权利,再加上媒体与受众对信息获取的不对等性,这就为某些职业道德水平不高的从业者提供了机会搞权钱交易,导致新闻失实。

此外,记者业务水平不高,采访不深入、违反采写编的工作流程也容易造成新闻失实。

(二)非故意性失实

非故意性失实是指在采编新闻的过程中,记者并没有觉察到自己报道的事实与实际情况不符,由于过失导致的新闻失实。这种失实,一方面是由于作者在采访中获得的原始材料失实造成的,如有的采访不深入,导致以讹传讹,造成失实;另一方面是由于技术性差错导致的失实,如编辑疏于检查,拍摄过程中的疏漏等原因引起的失实。

第二节　语言是讲述新闻事件的必要条件

一、文字语言

新闻语言应该具备什么样的特性,这是由新闻报道的特点所决定的。新闻报道的时间性强、篇幅有限、读者面广,其语言表达必须准确、具体、简明、通俗,生动。

(一)准确

语言准确指新闻作品中必须用准确的语言表达事实,既不能添枝加叶,也不允许措辞不当等现象存在。

准确是新闻语言最明显的特点之一。新闻界历来把"准确、准确、再准确"奉为写作格言。新闻报道中的准确,包括事实准确、思想准确、措辞准确三个方面。措辞准确与否直接影响其他两个方面的准确性,它与新闻的真实性密切相关。新闻语言要准确,必须注意以下几个问题。

第一,少用形容词。形容词太多是危险的。有一位报纸主编甚至对新手说:"你若要使用形容词,事先必须得到我的同意。"为何要少用形容词呢?因为形容词往往带有主观感情色彩,对事物的把握与表述是感性的、带有情感的。在使用时如失之分寸,在效果上则会走向反面。诸如"极大的鼓舞""深刻的教育"等,往往被读者斥为"空话""套话",既不可信,还令人反感。

第二,注意词义的差别,挑选最准确的词来表达。有时即使一字之差,也会出现失真,如遇难与遇险等。

第三,少用含混不清的、笼统的词语。新闻报道中,尽量不要用"不久以前"

"长期以来""最近"等时间概念的词语,尽量不要用"许多""极少"一类比较笼统的词语;尽量不用"也许""可能"等模棱两可的词语。

应当指出的是,新闻语言要求准确,一就是一、二就是二,但并不排斥"模糊语言"的应用。如"早晨"与"中午","青年"与"中年","胖"与"瘦"等,这些词语所表示的概念外延虽然没有明确的界限,但它们的中心区域是分明可辨的。在所有的文章和口语中,都存在模糊语言,新闻语言也概莫能外。如:南京市的绿化工作搞得好,近来到这里学习绿化的人越来越多。前些天,北京的街头巷尾都在议论,酱油为啥脱销?其中表时间的词"近来""前些天",表程度或范围的词"越来越多",都是模糊词语,用得很恰当。可见,模糊语言并不等于模棱两可。它是依靠语义的模糊性而获得思想表达的确定性,是模糊与精确的辩证统一。

(二)具体

所谓具体,就是原原本本地描述出事物的具体情况。新闻是事实的报道,要求把新闻五要素具体说出来,有的还要求有现场感,如果语言表达不具体,这些就无法做到。

新闻语言要做到具体,就必须克服概念化的毛病。概念化的语言是缺乏表现力的。如"气温高达38摄氏度"就远比"天气很热"要明确有力,"掌声持续达10分钟"比"掌声经久不息"更具体化。

具体的语言是血肉丰满的语言,概念化的语言是干瘪无力的语言。新闻语言要具体,在写作时应注意以下两点。

第一,尽量化抽象为具体。在消息报道中,适当的概括是必要的,但如果通篇消息都由一些概括性的、抽象化的语言组成,读者读后可能留不下一点印象。如"中共××市委从本地科技战线的实际出发,踏踏实实地贯彻全国科学大会精神,使全市科技战线出现了朝气蓬勃的新局面",这样的语言不具体,苍白无力。又如,有一位记者报道我们进行的人口普查工作,他认为这次普查的确在世界范围内都是规模空前的,但如果光说"规模空前"则较为抽象,于是他巧妙地将其具体化:光是进行人口统计的人就足以住满一个大城市。7月1日等待着500万人口普查员去完成的任务在规模上是空前的,统计世界上人口最多的国家中大约10亿的人口。这样就具体形象多了。

第二,从写实出发,不轻易给报道对象作一般的评语。有一位记者在报道原子弹爆炸时,完全从写实出发,说"用以放置原子弹的钢塔完全被融化","强光把整个试验地照得比最明亮的白天还要亮"。这样写比"巨大的威力"一类的评语要具体得多。新华社有一位老同志在评价这篇新闻时说，这样写，比用一千个、一万个形容词更有力，更能说明问题。

新闻语言的具体指用朴素、简练的语言，将报道对象的主要特征描写出来，重在传神。同时，语言的具体也不等于取消概括。好的具体的新闻语言，话不在多，以一当十。上游新闻在报道2022年8月重庆缙云山山火时有这样的文字：

这股支援山火的青年力量中，一位穿骑行服、身背救援物资，疾驰在坑坑洼洼山坡上，跌倒后快速站起，多次冲坡的小伙子，让许多人泪目。

仅很少的文字，记者就把志愿救火的“山城骑士”英勇救援的形象刻画出来了。

（三）简明

简明包括简洁、明了两方面的要求。新闻语言的简明要求，体现了新闻简短性的原则，适合于一切新闻体裁。

简洁明了的特点，在新闻报道中随处可见。如：

欧洲大战于昨天拂晓爆发！

德国于今日黎明时分对荷兰、比利时、卢森堡不宣而战！

人类今天登上月球。

这些都是西方记者写的一句话导语，的确相当简明，最能适合新闻快节奏的传播。

简明是新闻语言长期形成的文风，它的精髓在于要言不烦。如何做到简明，可以从以下几个方面下功夫。

首先，记者要在思考的能力上下功夫。记者应能准确把握事物的本质和要害，像医生扎银针一样找得准“穴位”。把重要的内容突出来了，不重要的东西就可以去掉。如果分不清轻重主次，眉毛胡子一把抓，这个也重要，那个也重要，就无法做到删繁就简

其次，记者要相信和尊重读者。读者一看就懂的内容，就不必反复解释；读者一猜就中的内容，则只用点到为止。要学会省略，相信读者能把省略的部分补充完整。

再次，记者要加强语言基本功的训练，努力学会用简短的文字去表达较复杂的内容。有一家晚报有条新闻，开头一句长达百余字：

市委纪委筹备组昨天就长宁区粮食局原副局长、党委委员董某利用职权，伙

同他人非法取得二十余套公房的支配权,进行私分和私自处理,从中接受贿赂,并将公房交换到的私房出售,与他人共同吞下售得的赃款,以及盗卖公家建筑材料,贪污公款的典型案件发出通报。

有人做了修改,字数大大缩短:

长宁区粮食局原副局长董某,利用职权,伙同他人私分公房二十多套,从中贪污受贿,得到了可耻的下场。市纪委(筹)昨天就这一典型案件发出通报。

两条导语比较,后者显然简明些。语言是内容的载体,新闻语言的简明不仅指用字少,而且还要求负载的信息量要大。在追求简明的同时,一定要学会扩大语言的容量。干巴巴无内容的语言,简明是简明了,但信息也少了。因此,这不是简明,不算是好的新闻语言。

(四)通俗

新闻语言是要让广大受众接受的语言,要向千家万户传播的语言,如果不通俗,则“行之不远”,无法完成传播的任务。

新闻语言的通俗要求鲜明地体现出一种受众意识。从受众的角度考虑,语言的通俗可从以下三个方面实施。

第一,尽量采用群众口语中新鲜活泼的语言,但不乱用方言。群众语言不仅富于表现力,还在于它来于受众,既为受众喜闻乐见,又给人亲切感。记者在采访中必须留心收集。记者刘衡曾撰文《用群众语言写稿》,将记者的语言和采访对象的群众语言做对比:

我说:“猪为六畜之首,养猪工作太重要了!”

他说:“养了三年猪,田里旺得不可知。养猪,可以肥田。”“种田不养猪,等于秀才不读书。不养猪,就要荒田。”

我说:“养猪,饲料问题是第一位的。”

他说:“养猪,首先要抓饲料。人不给猪吃,猪就不给人吃。”

我说:“这猪养得真好! 又肥又大。”

他说:“你看这猪,滚瓜溜圆,肚子拖地。看见人走到跟前,都懒得动弹。”

我说:“那个饲养员的责任心十分薄弱,把猪养得又瘦又小。”

他说:“他呀,进门一把火,出门一把锁。饥一顿,饱一顿,喂得母猪缺奶,小猪像猴子。肉猪养了十多个月,还是皮包骨头,上不了秤。”

两相比较,群众语言通俗生动,富于生机。

第二,对专业性、技术性很强的语言,要尽量做些通俗的解释、说明。例如:

中国辽宁省×××气象站不仅能够基本上准确地做出短期、中期和长期预报，而且还能做出超长期天气预报。

这其中“短期”“中期”“超长期”等意思，一般读者不易准确把握，法新社在转发这条消息时，将它通俗化为：

绝大多数气象站可以告诉你今天、明天甚至两个星期内是否下雨，然而中国一个县气象站不仅可以做到这一切，还能相当有把握地对今后10年内的气象变化做出预报。

这一改动，内容进一步具体化，读者也易懂了。

第三，尽量用读者熟悉的词语来表达，不用或少用读者生疏的词，更不要任意生造词语。

（五）生动

也许有人会认为生动是文学语言表达的特点，新闻语言只要把事实说清楚即可。其实，新闻语言同样追求生动，当然，它不同于文学语言的生动，它通常是以朴实无华的语言去表现事实本身所包含的生动活泼因素。如“最后一个英国士兵撤离埃及”，如果加上“默默地”成为“最后一个英国士兵默默地撤离埃及”，马上就生动了。“默默地”是英国士兵撤走时的神态，同时也令人联想起埃及人民的扬眉吐气。这种生动，从文字上来看很平凡，但它形象地表达出了对象的特征，既通俗又生动，非常富有表现力。例如：

2022年6月8日一篇报道高考结束的报道《“青春啊，不留下遗憾！”》里，是这样写的：2022年重庆高考语文考试正式结束。考生朱嫣瑾奔跑出重庆一中考场，脑后的马尾辫，用力甩出青春的幅度。这个可爱的小姑娘，一脸灿烂地说着：“我想成为第一个出考场的考生，算是给自己一个纪念。”

形象化的语言写出了苦读奋斗12年一朝考完一身轻的状态，也写出了一个自信阳光的可爱少年模样。

二、声音语言

传播学一般将人类使用的符号分为语言符号和非语言符号两大类。语言符号是人们在长期的社会交往中约定俗成的，以语音和文字为物质外壳、以词汇为构筑材料、以语法为结构规律的符号系统，包括文字语言和声音语言。人们对新闻语言的研究一般注重于文本语言，但是声音语言也是新闻语言的重要组成部分。声音语言是广播和电视的重要语言符号。

（一）声音语言的形态

1.新闻播音语言

新闻播音语言是播音员、主持人在播讲新闻稿件时使用的语言，是文字语言的听觉再现。播音员再现的是录音报道中的解说词或口播文字稿。此时播音员使用的是单向传播的独白语言，而不是双向传播的对白语言。由于不能借助手势、表情等非语言符号传情达意，也无法与听众进行即时互动，这种语言与文字传播就具有一定的相似性，即要求用字准确、句子完整、逻辑清晰。片段性、随意性、跳跃性的表述会影响听众对新闻内容的理解。播音语言不仅仅是对画面的解说，即我们常规理解的“解说词”，还包括对画面内容解说在内的独立完整的文字语言信息。发挥播音语言的作用应考虑不同的语言环境的限制因素。

在播讲不同类型的新闻时，播音员在语言的感情色彩、语调和语速方面也有所差异。在播报消息时，播音员往往收敛情感，语速较快；在宣读政令、法规、决议等时，播音员的语调庄重，语速较慢而有力；在播读新闻专题、特写、评论等时，播音员的语音、语调变化丰富且具有感情色彩。

著名播音学专家张颂曾说，播音不同于日常说话，它有规范性、庄重性、鼓动性、时代感、分寸感、亲切感的特点。

2.新闻报道语言

新闻报道语言是记者在新闻现场进行现场报道时使用的语言，是记者以“我”为目击者、参与者进行现场采访、事件描述和背景资料介绍时使用的语言。它包括新闻人物的讲话、发言，被采访人与采访人之间的对话、新闻记者的现场叙述等现场捕捉到的任何声音语言。因为这种声音来源于拍摄现场，不同于播音语言，它具有很强的真实感。记者在使用新闻报道语言时，语言构思和表达同步完成，虽然也是单向度的独白语言，但由于是现场的口头表述，保留了一定的口语特征，且由于个人语言风格的差异，语言的规范性略有欠缺。

除了现场报道之外，有些记者也在专题报道或广播特写的解说词中使用报道语言。听众可以根据声音、行文、语气等方面的差异，区分讲话者是记者还是播音员。

3.点评解读语言

在新闻专题或新闻访谈等节目中，常常会有专家或专业人士对主体信息的背景、意义、发展趋势等进行现场解读，此时的语言基本属于口头语言，对其规范性没有太多要求，重点在于内容准确、语言简洁、点评到位。需要注意的是，此类语言在运用时,如何能让普通听众了解并接受才是关键。如在载人飞船发射、探月卫星发射、北斗卫星定位等科技类大型现场直播中,专家点评解读就要用通俗易懂的语言,深入浅出地向听众解释一些复杂的科学内容,让受众能够听懂,进而理解新闻报道内容,这就是意义所在。

4.主持人语言

在主持人节目中,主持人是节目的核心和灵魂,主持人要完成介绍节目的主要内容、连线前方的报道记者、沟通演播室的嘉宾,并与听众进行即时互动等任务,还需要做好几个主持人之间的配合等。因而,主持人的语言集合了播报式、报道式、点评式等多种语言的特点,既要具有口头语言灵活、简短、亲切、自然、流畅的特点,又不能够因过分追求原生态口头语言的表达方式而降低语言的规范性和严谨性。

(二)新闻对声音语言的要求

1.口语化

新闻中的声音语言要尽量口语化,一般也被称为"规范化口语"。因为新闻的播放和收听是平行、同步进行,所以语言表达的程度和信息量要与听众的语言感知能力、接受程度相适应,收听过程和理解过程也应该同步完成。由于这种平行规律的限定,要求广播语言必须用通俗的口语,一听就懂。

2.规范化

新闻的播音是声音的艺术,一经播出,转瞬即逝。它只有好听、动听,才能抓住听众的耳朵。因此要办好广播,就必须在语言上下功夫,尤其是广播新闻语言,更要规范、简洁明了和生动形象。

具体来讲,字词语音要规范,词汇使用时要避免滥用方言、文言和简略语、生造词,遣词造句上要遵守现代汉语标准语的语法规则,要求做到结构完整、搭配得当、语序合理、修辞恰当、层次清楚、关系明确。

3.通俗性

要把深刻的思想、复杂的问题用浅显易懂的语言表达清楚,注意通俗化不等于简单化、庸俗化。

通俗的语言要求文字不能过于深沉晦涩,不能半文半白,不能使用奇词僻字,更不能罗列术语;在语气表达上,也要强调新闻"怎么说"的问题,即新闻语言的表达方式。

4.简明性

美国广播新闻研究人员马克·霍尔曾经说，当你为电台写新闻报道时，要记住你是在为一个处于半收听状态的、具有9岁孩子那种程度的听众而写的，你的报道必须简明得对这样的听众起作用，但同时你的报道又必须写得很有才气，能使45岁的公司总经理或者大学教授受到感动。

三、画面语言

画面语言是指新闻传播中的视觉性语言，大致可以分为以下几种类型：

（一）形体语言

形体语言是通过身体的某种动作来传达信息的一种手段。不同的身体语言有着不同的含义。例如一个人的身体坐得很直，头也摆得很正所表达出的含义是自信、严肃；头部稍微向前表示倾听、关心、投入；头部稍微向后表示一种恐惧、迟疑；双臂交叉抱在胸前则有可能有抗拒、排斥的态度；双臂紧紧交叉，一只手握住另一只手的胳膊，则表示此人具有胆怯、紧张的心理。

（二）表情语言

人的表情是内心活动的写照，既是传情达意的工具，也是传播者需要传播的重要内容之一，不同的表情展现了新闻事件中不同主体的不同状态和精神风貌，这种内心情感的反映在复杂的新闻背景下对新闻的内容起到考究、佐证、判断、引导等作用。

（三）服饰语言

服饰是一种反映自身文化和背景的工具，一种传达自我鉴赏和品位的工具。不同场合、不同民族、不同职业、不同性别、不同年龄、不同个性、不同气质以及不同宗教信仰都会使人们的服饰产生差异。注意服饰语言的选择和运用对深化人物个性、渲染现场气氛、丰富传播内容等方面有着积极的功效。

（四）色彩语言

色彩语言是指特定颜色在每一种文化背景中所拥有的确切意义。影视及摄影作品的作者们在进行创作的时候之所以要尽可能地表现出色彩的魅力,就是因为色彩可以使画面具有现实感,在一定背景的衬托下可表情达意。可以说,色彩是运用它的象征意义来传播某种信息。

(五)图表语言

各种表格、照片、漫画对它们所记录内容所具备的复述因素就是图表语言。图表语言的优势可以跨越时间的限制,劣势是感情色彩稍淡,煽动性不够,所以在运用图表语言的时候,制作人要注意前后的剪辑,让图表语言在一定背景的衬托下发挥作用。

本章小结

本章我们主要学习了融媒体新闻采编的基本规则:事实是报道的第一性、真实是报道的生命、符号的灵活运用是融媒体新闻报道的基本要求。融媒体新闻报道必须遵从新闻报道的基本原则和要求:事实第一性、新闻第二性、坚持唯物主义的新闻本源观。同时,我们也要看到与传统媒体新闻报道单一使用某一种符号不同,融媒体新闻采编要求符号使用多样化、融合化。

第七章

新闻稿采写

本章引言

写作是作者对事物的情感表达。新闻写作是记者对在新闻发生现场采集的信息进行的表达。新闻写作常用体裁包括消息、通讯、特写等，每一种体裁都有特定的写作要求与表达方式，但是都必须遵循新闻真实性的要求。

第一节　消息

消息是受众对于新闻报道的一种泛称，受众会把在媒体上看到的所有新闻都统称为消息。同时，消息也是最为常见的一种新闻体裁，媒体传播的信息中绝大多数都是消息。

一、消息的含义和特点

（一）消息的含义

什么叫消息？消息即狭义的新闻，是新闻文体中最常见的一种体裁，它以明确的思想、概括叙述的方法、简明扼要的文字，迅速及时地报道新近发生的有意义的事实。因为消息短小、简明、时效性强的特点，使其成为使用频率最高的新闻体裁。

消息文本主要包括标题、消息头（电头）、导语、主体（躯干）、背景材料、结尾，其显著特点是有“消息头（电头）”。如“新华社×月×日电”“本报讯”“记者××报道”，电台、电视台的“本台消息”等等都叫“消息头（电头）”。凡是有消息头（电头）的文章（图像）必定是消息。

案例 7.1

四川达州达川区整合相关职能，建云上平台

社会救助上了线　阳光高效又规范

本报讯　“现在只要把申请材料交到街道办事处救助窗口，补贴就直接打到银行卡上。”有了社会救助大平台，四川省达州市达川区居民李刚感觉方便多了。

“过去，每个月都要到区民政局报送低保、特困等救助调查审批资料，有时还要到多个部门核实信息，现在把申请资料通过高拍仪形成电子文件，上传到社会救助大平台，相关单位就可以直接通过大平台审核、审批救助资料。”达川区麻柳镇民政干部胡天奎说。

近年来，达川区以“互联网+社会救助”为突破口，投入350万元财政专项资金，将全区12个救助职能部门40项社会救助事项全部整合，创新建立社会救助大平台，并在平台系统内设置财政资金监管系统。财政局在拨付相关救助资金时，严格与平台运行数据对接，对不过平台的不予拨付，避免线下暗箱操作，搞体外循环。

同时，区纪委监委也将在线监督举报系统植入平台，实现社会救助事项事前、事中、事后全程动态监督管理。"社会救助大平台的建立运行，使各种社会救助更阳光、高效、规范，从源头上遏制了社会救助微腐败问题。"达川区委主要负责人说。

截至目前，社会救助大平台发放救助资金2.8亿元，纠正违规问题115个，取消933名不符合条件的申请人资格。①

《人民日报》2019年发布的这则消息是很典型的消息报道形式，包含标题、消息头（电头）、导语、主体、结尾这几部分要素，没有交代此新闻事件发生的背景。

（二）消息的特点

1. 快捷

快捷，指报道的时间要快，如同百米冲刺，在最短的时间创造最优秀的成绩。它具体指事实发生同刊登发表之间的时间差越短越好。在快捷的要求下，谁优先报道谁就抢到了独家。这是衡量一家媒体新闻业务水平的重要标志。

2. 简明短小

消息文体的写作，主要是对新闻事实作简明扼要的报道，语言要求简洁、明了，通常只有几百字，稍长的上千字，有的简讯甚至只有几十个字。

（三）消息五要素

何人（Who）、何时（When）、何地（Where）、何事（What）、何因（Why）俗称新闻五要素，简称"5W"。新闻五要素是构成新闻的必需材料。明确新闻五要素，对新闻工作有以下好处：

第一，有助于记者在新闻采访时迅速地弄清每一个事实的要点。在实际新闻采访过程中，仅仅弄清每一个事实的"5W"是远远不够的，还需要抓住重点，弄清细节，理解重要事实的内涵，明白新闻事实背景……但是，弄清每个事实的"5W"，是弄清每个事实的基本前提。

第二，有助于记者迅速地抓住新闻的重点，尤其在新闻导语的写作中。最早

① 案例选入时文字有删改。

的新闻导语就是把“5W”都浓缩在一个段落里。这种导语的好处是让读者一目了然地知晓事件概况，这是一种“大而全”的写法。其坏处是没有侧重，眉毛胡子一把抓。现代新闻写作，除了继续保留“大而全”写法外，还会注重挖掘事物某一方面的特质，即“5W”某一个或某几个最突出、最感人、最吸引人的要素。

有些导语突出事情(What)。例如：

据新华社电 日前，全国妇联、中央文明办等十部门共同印发《关于庆祝2021年“六一”国际儿童节的联合通知》，对各地、各部门开展“六一”系列庆祝活动做出部署。

……

通知要求，要为少年儿童办实事解难事，让少年儿童感受到党的关怀和温暖，用心用情用力解决与少年儿童息息相关的实际问题，特别要关心关爱孤儿、事实无人抚养儿童、农村留守儿童、困境儿童等困难儿童群体，让他们沐浴党的阳光和温暖。

这条新闻主要讲的是2021年“六一”国际儿童节前夕，全国妇联、中央文明办等国家十个部门对庆祝“六一”国际儿童节的相关要求，要做好哪方面的工作，要解决哪些问题等等。“事情”是这条新闻报道的最核心内容。

有些导语突出人(Who)——新闻主角。例如：

1999年，村支书匡后明带领全村村民推着石磙上山压路，在绝壁上“凿”出了村里第一条连通外界的公路，这条路成了石锣老百姓走出大山的希望之路。

从1986年开始，匡后明连续十一届当选石锣村党支部书记。2021年3月，70岁的匡后明退休了，他的大儿子匡飞宇接下了“接力棒”，继续以“滚石上山”的精神带领石锣向前走。

“我志愿加入中国共产党，为农民尽快富起来，贡献我的力量，为共产主义事业奋斗终生。”5月19日，70岁的匡后明看到已经泛黄的入党申请书，感慨万千，这距他1984年写下入党申请已经37年。

匡后明的祖辈被土匪打死，父亲曾受过国民党刁难，他自己也经历过饭都吃不饱的时代。“解放后，老百姓过上了安定的日子，生活逐步改善，各项建设逐步更新，所以我立志加入中国共产党。”

……

报道“致富”，可以侧重于宣传党和国家致富的政策，可以侧重于用数字对比致富发展前后村庄变化、村民生活的改善情况，还可以做成图片新闻去形象化展现。但这条新闻主要讲的是一个叫匡后明的老党员带领全村村民致富的事情，讲一个党员如何发挥先锋模范作用的优秀事迹。

有些导语突出的是地方(Where)。比如：

再过不久，到轨道交通李子坝站打卡“列车穿楼”，将有新惊喜。

4月13日上午，记者在轨道交通李子坝站外看到，车站综合楼侧立面、文化墙堡坎、人行道等区域都被围挡起来，正在进行施工。

这是今年1月，轨道交通李子坝站外立面改造工程完工亮相后，再一次提档升级。这也将是轨道交通李子坝站建成16年来，最大的一次变化。

记者在现场的公示牌上看到，综合楼侧立面，也就是“列车穿楼”的立面正在实施的是轨道李子坝站景点交互屏工程。

……

关于重庆公共交通方面的信息有很多，关于轨道交通站点的新闻信息也有很多，这条新闻讲的是重庆轨道交通李子坝站的变化，特指某一处发生的信息，就是侧重于“何地”的报道。

第三，有助于明了新闻体裁的要义。虽然所有新闻都必须明确地交代五要素，但不同体裁的新闻对五要素的侧重也会有不同。消息，尤其动态消息侧重发生了什么，通讯的侧重点是经过或过程，深度报道的侧重点在揭示原因。

二、消息的分类

按新闻传播手段来分，消息可分为文字新闻、图片新闻、广播新闻、电视新闻、融合新闻。按事实发生的地域、范围来分，有国内新闻、国际新闻。按题材性质来分，有政治、军事、外事、经济、科技、体育新闻。

现在，较常用的分类法是从综合内容与形式的角度来划分的，大致有以下五种：

(一)动态消息

动态消息是最迅速及时报道国内外最新动态的新闻，又被称作“纯新闻”“硬新闻”，即新闻特征最鲜明的新闻。动态消息是使用频率最高的新闻体裁，占新闻总数的80%以上。

动态消息的特征主要有：篇幅短小，主题集中，一事一报，表述简洁。它只报道发生了什么事，一般不解释为什么。报纸上的大多数短新闻，尤其是简讯、短讯、简明新闻、标题新闻、新闻集锦，均属动态消息。

动态消息的功能主要是迅速及时地报道国内外重大事件和社会生活中刚刚

发生、正在发生或即将发生的事件，一事一报，篇幅最短，时效最强。如《成都商报》2018年8月发布的这则新闻：

案例 7.2

“刷脸购物”成真
西南首批无感支付智慧门店现身成都街头

8月17日，四川本土品牌爱达乐的智慧门店将在成都喜年广场正式营业，这也是西南地区首批无感支付智慧门店之一。自今年7月以来，越来越多的智慧门店现身成都街头。

无感支付有多“无感”？记者体验了一把。总体来看，刷脸买爱达乐商品只需三步。

“识别成功！”扫码完成人脸识别绑定后，1秒左右识别成功，闸门打开放行，进店购物；拿起托盘自主选购商品，完毕前往结算处结账；把托盘放在结算台，2秒内识别出消费者购买的商品，机器自动刷脸扣款，开闸放行。消费者即可接过店员打包好的商品离开。正常情况下，整个结算过程只需5~6秒完成，而之前则需要1分钟左右的时间。

爱达乐创始人蒋华坦言，很多消费者会因为排队太久而放弃购买，排队也是制约商家营业额增长的瓶颈。现在只需要1名店员帮助顾客打包，其他店员就可以更好地为消费者提供导购、试吃等服务。①

这是一则动态消息，报道即将发生在成都喜年广场的爱达乐无感支付智慧门店的事。通过记者亲身体验无感支付的形式，将这一新闻事件进行了生动的、具体的报道，增加了新闻报道的现场感。报道即将发生、正在发生的事实就是动态消息，其时性强、新闻价值突出。

(二)经验消息

经验消息又称典型报道。它是向受众报道某地区、某单位的某一方面的典型经验、成功做法的一种消息。

经验消息主要反映具体单位、部门、行业在学习和生产中的成功经验，以及某人在某项活动中取得新成果的典型做法，用以提供样板，带动全局。

① 案例选入时文字有删改。

它有具体的做法、典型的事例、明确的观点，常用来指导工作，带动全局，有较强的针对性和指导性。在写作时，既要提出问题又要讲清解决的办法，在叙述事实、讲清做法的基础上总结出能切实解决问题的具体有指导性的经验。如华龙网新重庆客户端2021年3月发布的这则新闻：

案例 7.3

石柱三星乡：做大做强特色产业打造“多彩田园”美景

又到了春暖花开的时节，随着春天的脚步，希望的田野也因为春耕劳作逐渐热闹起来。连日来，在重庆石柱县三星乡石星村高兴组的大梁子梯田，村民们忙碌着垦荒、翻田，呈现出热火朝天的劳动景象，拉开了做大做强特色产业，打造“多彩田园”美景的帷幕。

“大梁子稻田共有200余亩，前几年因外出务工人员较多，撂荒了约100亩，现在要全部开垦出来，扩大有机水稻种植面积，壮大‘三星香米’产业，再创大梁子“最美梯田”的辉煌。”正在组织村民务工的石柱茂禾农业有限公司总经理郎启顺介绍说。

沿蜿蜒山势而建的大梁子梯田，高低错落、层层叠叠，在春耕时节，灌满了水的弯弯梯田，犹如一道道美妙的曲线，曾被评为重庆市“最美梯田”，是三星乡农耕文化的壮丽杰作。

近几年来，在中核集团帮扶下，三星乡因地制宜，在发展“三星香米”特色产业、助农增收的道路上稳步前进。2020年“三星香米”的总收入、村集体经济收入和稻农家庭的收入皆创历史新高。

乡村振兴，产业兴旺是重点。为突出区域特色产业优势，做大做强“三星香米”特色产业，促进农民稳定增收，实现产业可持续发展，加快乡村振兴步伐，进入2021年以来，三星乡党委政府决定对石星村高兴组大梁子荒芜的梯田进行开垦复耕，再造百亩良田。

笔者在现场看到，在撂荒多年的稻田里，茂密的杂草已没过务工村民的身影。他们有的背起割草机在清除杂草，有的挥舞锄头在打捞枯枝败叶。在清理过后的稻田里，挖掘机不停地在翻挖绵延的草根，修筑垮塌的田埂。割草机与挖掘机的轰鸣声相互交织，一道美妙的“交响曲”在空旷的田野间回响，一块块翻耕过的稻田已焕然一新。

据介绍，为提升土地资源利用效率，推动乡域经济高质量发展，结合三星是革命老区、红色教育基地的优势，该乡立足“以农立文、以文兴旅、以旅促农”的发展思路，还将完善大梁子梯田的灌溉设施，在其新建旅游步道，倾力打造“春种彩稻夏观景、冬种油菜春赏花”的“多彩田园”美景，实现农作物价值和观光旅游双重经济效益叠加，让大梁子梯田成为别具特色的“最美梯田”。[①]

这则消息讲的是重庆市石柱县三星乡发展特色产业的新闻报道。新闻报道可以侧重讲三星乡是“示范建设基地”“美丽乡村”“已取得成绩”等等方面，但这样的报道未免流俗没有亮点。目前报道的新闻点落脚在“如何发展”上，具体写了取得当前发展成绩的具体做法，其实就是一种经验介绍，具有更强的新闻传播效应。

经验消息写作时要注意选择既有推广价值又能引起普遍兴趣的经验，要尽量写得生动具体，言之有物而不空泛，注意交代必要的背景材料。

(三)综合消息

综合消息也称综合新闻，它是以综合反映全局情况为内容的一种消息。

它报道面广，声势浩大，点面结合，概括性强。它常常围绕一个中心，集中全国或某个地区、某个部门、某条战线带有全局性的新情况、新成就、新动向、新问题加以综合报道。

在内容上，它常常是一地多事或多地一事。

例1：大年初一央视报道全国各地市民新年第一天的情况(多地一事)。

例2：记者就一个地区围绕这一年的发展情况进行报道，包括教育、交通、医疗、卫生、科技、经济发展等各方面，这就是综合消息。(一地多事)

(四)述评消息

述评消息又称新闻述评，这是一种采用夹叙夹议、边述边评的方式，评述国内外重大事件的新闻报道。

这种介乎于消息和评论之间的新闻体裁，除具有消息的一般特征外，还在叙述的同时，由作者直接发表一些议论，鲜明地表示出作者的观点。它的主要功能是用边述边评的方式，及时分析形势、动向，揭示事物发展规律，引导读者观察、思考。

① 案例选入时文字有删改。

这种消息政策性和针对性很强，要求作者具有较高的理论水平和分析问题的能力。常见的述评消息有形势述评、工作述评、思想述评等。

（五）人物消息

人物消息是以写人物为主，反映某个具有新闻价值的特定人物的重要成就，突出事迹或某种有教育意义的行为的新闻报道，是介于动态消息和人物通讯之间的新闻样式。

写作上要求抓住人物最有特点、最新鲜的事例或某个侧面，概括性写出人物的典型事迹和精神面貌，不强调细节，也不做过多描写。如四川在线在2014年9月24日发布的这则消息：

案例 7.4

“布鞋院士”李小文回母校电子科大　讲座座无虚席

他这次没穿布鞋 坐一夜的火车来到成都

讲座定在19点30分开始，但时间还差一刻钟，整个会场就已经座无虚席，大部分学生都是慕名而来。原本只能容纳600人的报告大厅，来了将近1000人左右，甚至连过道上都坐满了人。

开讲前几分钟，李小文走上讲台，今天的他并没有穿标志性的布鞋，但着装依然很朴素。李小文今年67岁有余，他本人个子不高、很瘦、头上银丝颇多。或因为乘坐20多个小时火车的关系，他看起来有些疲惫，但面对母校的学子，他心情还是颇为激动。

解读母校校训 他告诫同学们不能说假话

面对上千名师生，讲台上的李小文并不拘谨，但他的随意中带着固有的谦逊。思考问题时，他常呈托腮状；谈得兴起时，他也和大家一起笑逐颜开；当台下学生站起来提问时，他也立即起身站了起来，以平等的姿态对待。

其间，李小文突然问起：“有谁能告诉我电子科大的校训是什么？”。台下同学们顿了一会儿，异口同声说出“求实求真，大气大为”这八个字。听到此处，李小文复述一遍后，笑着致谢，现场掌声雷动。

一场讲座下来，李小文四川话和普通话交替使用，但很明显，他的四川话更为流利些。①

---

① 案例选入时文字有删改。

三、通讯

（一）什么是通讯

通讯是运用叙述、描写等多种手法，具体、生动、形象地反映新闻事件或典型人物的一种新闻报道形式。它是记叙文的一种，是报纸、广播电台、通讯社常用的文体。

通讯产生于电讯事业之前，当时的记者、通讯员向报社传递外地新闻，一般采用书信的方式，因此这一类报道最初被称为“某地通信”“某国通信”。有了电讯之后，由于电报费用较高，记者发电讯稿只能字斟句酌。于是，驻外地的记者发完电报后，将详述事件的报道写成信件，通过邮政寄往报社，报社一般冠以“通信”之名发表。后来，电讯业发达了，这种与消息相互补充的文体也改为电报播发，到20世纪20年代，“通信”正名为“通讯”，并沿用至今。

（二）通讯的分类

（1）人物通讯。人物通讯以报道先进人物为主，着重揭示先进人物的精神境界，通过写人物的先进事迹，反映出人物的先进思想。

（2）事件通讯。事件通讯报道新闻事件，以事件为中心，反映现实生活中发生的典型事件和突出事件。

（3）工作通讯。工作通讯总结工作中的经验和教训，或者探讨有争议的亟待解决的问题，主旨是介绍工作经验和分析问题。

（4）概貌通讯。概貌通讯又称风貌通讯，反映社会生活、风土人情、自然风光和日新月异的建设成就。概貌通讯围绕主题，集中介绍各方面的风貌和特色，通过具体事例来叙述和描写一个地区、一条战线、一个单位的风貌。

（三）通讯与消息的区别

通讯与消息虽然都属于新闻体裁，但两者之间是有明显区别的。消息是对新闻事实的概括，是将新闻基本要素（5W）阐述清楚，不允许有自己主观情感的表达。通讯除了报道新闻事件外，还有颂扬、美化的意味，是允许注入情感的。

1.报道侧重点的不同

2008年“5·12”特大地震中，由浙江省对口帮扶援建广元市的51所希望学校没有一所倒塌，没有一名学生在大地震中伤亡。

下面的案例是同一新闻事件，分别写的消息稿和通讯稿。消息稿侧重事实的叙述，没有文学创作痕迹。通讯稿更注重情感的表达、意见的阐述，两篇报道读起来区别还是很大。

案例 7.5

浙江援建四川广元的希望学校在地震中无学生伤亡

中国园林网5月30日消息：据浙江省政府经济技术协作办公室及广元市、青川县对口帮扶办提供信息，由浙江省过去对口帮扶援建广元市的希望学校，没有一名学生在“5·12”特大地震中伤亡。

为实现区域协调发展，1996年以来，党中央、国务院号召率先发展起来的东部沿海省市对口支援西部贫困地区，而浙江省被确定对口帮扶四川省广元市等地。12年来，浙江省通过帮建学校、卫生院、敬老院等公益事业项目，开展扶贫新农村、产业合作、人才培训交流、结对助学等工程，有力地促进了对口地区的脱贫致富和经济社会的发展。

“5·12”特大地震发生后，在广元市，由浙江对口帮扶援建的51所希望小学、4座中学教学楼中，除青川县5所希望小学有不同程度损坏外，大部分楼房保持完好，且没有一名学生在震灾中伤亡。

浙江省政府协作办表示，过去援建广元希望小学、卫生院、敬老院的工作中，浙江省与广元市有关部门坚持把工程质量放在第一位，科学规划与论证，严格实行招投标和全程工程监理制度，确保对口帮扶项目工程优良。①

① 此报道为消息稿，选入时文字有删改。

案例 7.6

2008年7月13日,《钱江晚报》发表了一篇通讯。

一片不塌的蓝天

(记者 陈欣 徐建国)

6月1日傍晚,一场8级大风和冰雹袭击了青川县城。县政府大院里,青川政协的向明月挽着裤腿,站在雨水中忙着加固他的办公室——一顶蓝色的救灾帐篷。"整个青川现在找不出10所好房子,你看,县政府大楼都塌了。"看着泡在水里的帐篷,向明月神色黯然。地震后,青川这座川北千年重镇伤痕累累,有98%的房子受损,4695人遇难,全县25万人无家可归,被国家确定为10个"极重灾区"之一。而最让这个青川教育局前任局长心痛的,是那些倒塌粉碎的校舍和学校废墟下掩埋的幼小生灵。青川有40%的学校在地震中被夷为平地,倒塌校舍11.2万平方米,364个来不及逃生的孩子被废墟吞噬。而浙江援建广元的51所学校中,就有5所位于青川。这5所学校,都是向明月在任时建的。

地震后,知道这5所学校都没有倒,在校师生平安,向明月特地找到教育局负责基建的唐建勋,郑重地向他连声说"谢谢"。"如果所有的房子都像这5所学校,青川有多少人可以活下来啊。"说这些话的时候,向明月说不清是伤感还是宽慰。是的,房屋,本是人类保护自己、抗风御雨的处所。然而,劫难中,人类却首先直接死于倒塌的建筑物,房屋,成了助纣为虐的帮凶,成了人类的坟墓!这,是怎样的伤痛和不堪?

2008年5月12日,四川汶川8.0级大地震,6.9万人遇难。

地球一声叹息,山崩地裂,灰飞烟灭。

古希腊的普罗泰格拉曾放言,"人是万物的尺度"。可是,令人类汗颜的是,在每一次劫难面前,生命却总是那么的轻若纤尘,犹如一粒微尘,在茫茫宇宙中飘荡,风过无痕。留给我们的,是心痛的思考和无尽的惋叹。

所有,可以想象,当我们在6月1日,汶川大地震后20天,踏上这片破碎的土地时,心中的悲欣交集。广元之行,是为了寻找一个奇迹背后的秘密。这个奇迹使数万幼小的生命逃脱了死神魔掌——浙江援建广元的51所希望小学在大地震中依然挺立,师生平安。

所以,可以想象,当我们听到51所希望学校震中不倒的消息时,心中的那种温暖与慰藉。51所学校,是数万孩子头顶的蓝天,是他们忘却贫苦憧憬未来的灿烂星空,是他们遭遇灭顶之灾时的生命方舟。假如,灾难并非那些倒塌学校的唯一原因,那么,这51所希望学校的每一片砖瓦后一定藏着动人的责任与爱心的故事?①

2.写作结构上的不同

(1)标题设置。消息的标题有引题、正题和副题,通讯有时只有一个正题,有时在正题下设有副题,说明记写的对象。

(2)表达方式。消息只进行简短的客观的报道,一般不作详细的描述,而通讯的描述相对详细,作者可以抒发情感。

(3)结构形式。消息的开头有电头和导语,而通讯则没有电头和导语,作者可以根据自己的需要写作。

第二节　消息稿写作

一、标题

消息标题是对报道内容的一种反映,是内容的浓缩。读者阅读新闻第一眼看的就是标题,因此标题是否吸睛、是否出彩是决定新闻报道能否被读者阅读的第一要素。

(一)标题要概括反映新闻事件最主要内容

"看书先看皮,看报先看题",生动形象的标题如同新闻的眼睛,更能引导读者瞬间阅读。文以载道,名以载文。做文章好比行军打仗,出师有名,战无不胜。新闻消息标题的主要作用是要反映出新闻事件的主要事实,尤其是要揭示该事实的新闻价值。好的标题要达到提炼要素、提示内容、提升兴趣的效果。例如:

村村通之后,还要路路安

娱乐不能变"愚乐"

药品降了价　质量不能降

最高人民法院知识产权法庭在京揭牌

以上标题简短、简洁,但是都直接反映出了事实。即使不看新闻报道,只看标题也能大体知道主要事实。在这里,标题就是新闻。

① 此报道为通讯稿,选入时文字有删改。

(二)标题制作

消息稿标题制作要求做到一语破的、一目了然、一见钟情和变化多端。

一语破的即点出新闻的核心价值;一目了然即让受众一看就基本明白;一见钟情即做到新颖、奇特、有趣;变化多端即注意形式上的变化,如结构较为复杂的多行题的运用。

1.单行标题,醒目突出

单行标题力求简洁明了地提炼出消息内容的精华,醒目朴实地告诉读者。例如:

开县井喷死亡人数共达198人

首张实名车票 漂亮妹妹买了

让幼儿园离家越来越近

2.双行标题,虚实结合

双行标题即虚题+实题。虚题即引题、副题,实题即正题。例如:

南朝佛像闹市藏身 1500年一笑而过(主题)

近年来,成都首次出土大规模南朝造像(副题)

我国首次载人航天飞行“神舟”五号成功上太空(引题)

千年飞天梦成真(主题)

3.三行标题,密切配合

三行标题通常包括引题、正题、副题。

引题又称肩题、眉题,其作用是介绍背景,说明事因,烘托气氛,阐明意义,引出主题。

正题又称主题、主标,一般要求能对消息主要内容或含义做概括说明,力求简明突出。

副题(在正题之下)又称“辅题”“子题”,多用来弥补主题之不足,补充和介绍新闻的次重要事实,点明意义,扩大效果。例如:

住的是无菌房,吃的是“特供”粮(引题)

二师兄,快起来帮我们吃药了(正题)

因消化道,心血管系统与人类相似,华西医院饲养无菌猪用于试药(副题)

二、消息头

(一)消息头是消息的标志

报纸上刊登的消息,其开头部分往往冠以“本报讯”或“×社×地×月×日电”的字样,这就是“消息头”。消息头主要分为讯和电两种形式。

讯主要是通过邮寄或书面递交的形式向报社传递的新闻报道。它有两种情况:

(1)报社通过自身的新闻渠道所获得的本地消息,无论是记者还是通讯员写来的稿件,一般都冠以“本报讯”。

(2)稿件从外地寄来的,应该标明新闻的时间和地点。例如:

本报重庆5月9日专讯

本报北京6月3日航讯

电主要是指通过电报、电传、电话、电子邮件等形式向报社传递的新闻报道。它也有两种情况:

(1)报社通过自身的新闻渠道从外地传递来的新闻信息,一般标明这样的形式:

本报苏州2月3日专电

(2)各家新闻通讯社向报社传递的新闻信息,一般采用通用的“电头”,即“播发新闻单位的名称+播发新闻的地点+播发新闻的时间+播发新闻的形式”。例如:

新华社阿富汗3月27日电

美联社北京4月1日电

(二)消息头的作用

消息头表明新闻的来源,是“版权所有”的一种标记,使编辑和读者很容易一眼把消息与其他文体区分开来。

三、导语

导语是新闻的开场白(第一句话或第一个自然段),紧接在消息头后。与一般文章开头不同,它要用简洁凝练的语言概括新闻中心内容或提炼新闻事实的精华。导语的作用主要是告诉读者这条新闻的内容是什么,制造悬念、气氛等,让读者愿意接着读下去。

(一)导语的分类

1.叙述式导语

叙述式导语即把消息中最重要、最新鲜的事实,用概括叙述的方法,简明扼要、开门见山地写在消息的开头部分。

例1:

距离自家门口不到50步却永远倒下了。死状很蹊跷:他是脑袋卡在楼梯扶手下的铁栏杆中间身亡的。

例2:

近日,小猿口算与丁香医生发布的《2018年十大家长辅导作业"后遗症"》引发众多家长共鸣。数据显示,辅导小学生家庭作业的主力军是30~40岁的妈妈,全国家庭中仅有10%的爸爸会主动承担孩子的辅导任务,身负孩子学习重任的妈妈健康问题亟须关注。

2.描写式导语

描写式导语即对消息中所报道的主要事实或事实的某个有意义的侧面,进行简练而有特色的描写,或者对事物所处的特定时间或特定环境做简练的描述。

例如:下课铃声一响,学生们就像开闸的鱼儿涌了出来,纷纷跑向操场。寂静的操场顿时热闹起来,像沸腾的开水一样,同学们像蚂蚁一样立刻分散到操场各处寻找自己喜欢的活动。这是××学校"创新课间活动改革"实施第一天的场景。

这样的写法就刻画出了学生参加课间活动的热情状态,写出了学生对课外活动的渴望,也写出了该校在创新课间活动上的探索、成效。

3.评论式导语

评论式导语是一种直接表明倾向、观点、方法的导语。例如:

自费的水下摄影最后变成了300元一张的强行消费;导游带到购物店,推销人员上演"亲情相争"的"苦肉计",游客高价买到次品……为何三亚旅游乱象屡禁不止,"宰客岛"频频出现,原因错综复杂。但一个黄金周涌入的游客人数相当于户籍人口总数的城市,旅游收入占到GDP总量六成以上的三亚,巨大的"旅游蛋糕"无疑成为全民的狂欢,有专家认为,旅游利益分配不均,是"宰客"现象频现的关键因素。

4.提问式导语

提问式导语即把消息报道的主要事实先用疑问句式鲜明地提出来,然后用事实加以回答,以引起读者的注意和思考。以提问开始,先问后答,或自问自答,问题答毕,导语也就结束。

例如:

伦敦的天气热不热?回答只有一个字:黑。

5.引语式导语

引导式导语即直接或间接使用某人精彩的或有针对性的、有代表性的谈话(语录)构成的导语。例如:

"现在领个证效率太高了!"9月7日,刚在武侯区政务中心领到营业执照的王丽满脸喜悦,感叹武侯审批服务便民化模式让市民办事像网购一样方便。

6.对比式导语

对比式导语即运用对比、比较的方法增强形象性与接近性的导语。例如:

北京市民争相购买仅仅十年前还被认为是资产阶级生活方式象征的钢琴。

(二)导语写作注意事项

导语要"立片言以居要",但在写作时,往往免不了出现各种问题,常见问题称之为导语写作十忌:

一忌名称罗列式导语,如某一活动往往是由五六家单位主办的,有的人在导语中将这些单位名称全部罗列出来,使导语显得既啰嗦又臃肿。读者关心的是这场活动,而不是主办单位,如果非要出现单位名称,可放到消息末尾。

二忌"为了式"或目的式导语。即将新闻事实所要达到的目的放进导语里,使导语膨胀沉重,不堪重负。

三忌背景材料式导语。新闻背景材料一般是用来解释新闻主体的,导语应开门见山,开始就用背景材料,不仅说不清,而且也容易使读者如坠云雾。

四忌学术语言作导语。将一些学术专业性强、难懂的专业名词放在导语中,显然使人看不懂,这里要做好"第二种语言的翻译",使之通俗化、大众化、口语化。

五忌导语公式化。一些通讯员或记者喜欢用一个框框去套多种内容,结果是平淡无奇,千篇一律。公式化导语必然导致导语无新意。

六忌导语概念化。导语内无具体新闻事实,充斥了大而空的套话、空话、官话。

七忌数字堆砌。导语内数字过多,就会淹没新闻事实。统计数字一般来说是枯燥乏味的，最好不要将其放进导语内，即使要写，也应将数字形象化。

八忌长导语。导语冗长，使人感到很沉闷，根本没有兴趣再看下文。导语一般应控制在80字内，最多不要超过150字。

九忌标题与导语重复。如：标题：县××部门举行迎新春座谈会。导语：昨日，县××部门在该局会议室举行慰问老干部座谈会。题目和导语几乎是“一模一样”。

四、主体

（一）消息主体的两大功能

消息主体有两大功能：第一是解释和深化导语；第二是补充新的事实。

消息主体是消息中承接导语提及的内容而展开的部分，它是一则消息的躯干，既是安排新闻事实的部分，也是表现主题的部分。在通常情况下主体由几个自然段组成的，基本上一个自然段代表一层意思。前几个段是解释和深化导语所涉及的内容，随后几个段是提供同一主题的新的事实，包括补充新的新闻要素与提供新闻背景。

消息主体写作应在导语基础上展开阐述，回答与之有关的问题，提供有关的次要材料及新闻背景，补充导语中未涉及的新闻内容。写作时要力求言之有序，顺理成章地自然展开。

（二）消息主体的写作要求

其一，消息主体应围绕一个主题取材。消息主体所涉及的内容比较多，有些材料虽然很生动、很感人，但若与我们所要表达的主题无关，或关系不大，那就得割舍，做到以“少”胜多。

其二，叙事要尽量具体、充实，使读者对报道有较完整的了解。

五、背景

新闻背景是有关新闻事实的历史条件和现实环境的材料。它不属于报道的事实，却可用来衬托、解释、说明新闻事实。常见的背景材料有三种：

(一)对比性材料

对比材料包括今昔对比、正误对比、彼此对比等。通过对比突出消息所报道事实的意义,突出新闻价值。

(二)说明性材料

说明性材料是用来说明新闻事实产生的原因、条件、环境、政治背景、历史演变以及新闻人物出身、经历、身份、特点的材料。

(三)注释性材料

注释性材料是对消息中出现的一些较难理解的内容,如科学技术项目的名称、意义以及产品的性能、特点、使用方法的注释。

六、结尾

结语是消息的结束句或结尾段,它对新闻事实进行小结,以显示消息形式上的完整性和内容上的深刻性。结尾主要有以下三种类型:

其一是自然结尾法。有的消息太短,内容已表述清楚,也可不要结语。大多数新闻采用这种办法,即按照新闻报道的结构安排,顺乎自然地把必要的新闻内容、事件、新闻诸要素交代完毕,给读者留下咀嚼回味的余地。

其二是拾遗补阙法。这种结尾方式有明显的"结尾段落",主要用于补充新闻导语和新闻躯干未提及的新闻要素,使新闻报道完整、圆满、可信。

其三是画龙点睛法。这种结尾方式用精辟语言点明本质,总括全篇,突出主旨。

第三节　消息稿结构

一篇消息,除开标题、消息头、导语、主体、背景、结语这些内部构成要素外,还要有写作结构的外部构成要素。

一、倒金字塔结构

倒金字塔结构是消息写作中使用频率最高的一种结构方式，因其结构形式像一个倒置的三角，故而得名。即按照事实的重要性程度或受众关心的程度依次递减的顺序，把最重要的事实放在开头，次重要的事实随后安排，最后是最不重要的事实内容。如《华西都市报》2019年报道的这则消息就是典型的倒金字塔结构。

案例 7.7

优先建龙头水库电站　全面停止小水电开发

“抓经济工作离不开能源保障。”1月23日，四川省能源工作会议在成都举行，省发改委主任范波提到了今年四川能源发展的总要求：为经济高质量发展提供清洁高效的能源保障。

构建清洁低碳、安全高效的能源体系，近年来一直是四川能源发展的重点。数据显示，2018年，全省电力装机总规模达9683万千瓦，发电量3658亿千瓦时。其中，非化石能源装机比重达到83.73%，非化石能源发电量比重达到88.16%。

四川是清洁能源资源生产、消费大省，如何培育省内清洁能源产业，提高能源供应保障能力？在会议现场，省能源局局长梁武湖进行了详细解读。

在科学推进水电和新能源开发上，四川将优先建设龙头水库电站，加快白鹤滩、双江口、两河口等重大水电项目建设，严格控制中型水电核准，全面停止小型水电项目开发。

根据目标，四川2019年将新增水电装机60万千瓦，新核准水电规模120万千瓦，在建水电规模达到2840万千瓦。

同时，以三州地区农网改造升级为重点，加大贫困地区电力基础设施建设力度，启动太阳能资源富集地区光伏基地规划编制，扎实推进三州村级光伏扶贫电站建设，严控商业光伏开发。2019年，全省农网改造升级总投资力争达到32.7亿元。

2019年，四川将以改善环境空气质量、缓解省内弃水矛盾为目标，编制下达锅炉、窑炉电能替代实施计划，在工业生产、交通运输、农业生产、供冷供暖、家居家电等五大领域全面推进电能替代，不断提升电能在终端能源消费的比重。①

---

① 案例选入时文字有删改。

二、正金字塔结构/时间顺序结构

正金字塔结构，或者时间顺序结构，是以时间发展顺序为线索，先发生的事实就先写，后发生的事实就后写。这种结构条理清晰，以情节取胜，但往往开头平淡，要读到最后才最精彩。采用这种结构时要注意写作技巧的运用。

如2022年9月华龙网“百姓故事”第734期《超越血缘的祖孙情：“瓷娃娃”与她的同桌奶奶》这篇新闻故事就用了正金字塔结构，以时间顺序讲述了一个从孩子出生、生病到上学的新闻。

案例 7.8

超越血缘的祖孙情：“瓷娃娃”与她的同桌奶奶

记忆中，2008年的冬天尤为寒冷，李贤菊像往常一样到街边捡垃圾。她麻利地翻动垃圾堆，正准备捡起一个纸盒，却被一声啼哭吓了一跳，在这个单薄的纸盒里，竟藏着个婴儿。

“娃娃很小，像刚满月，当时脸被冻得通红，看起心痛得很。”李贤菊一边小心翼翼捧起孩子，抱进怀里为她取暖，一边四处张望，等待人认领。李贤菊回忆，她在垃圾堆旁停留了近一个小时，问遍了所有过路人，都没有人认领。最终，她将孩子带回了家。

被人当作累赘的孩子，李贤菊“捡”回家后竟成了宝贝。

当时，李贤菊与老伴及二女儿梁万菊生活在一起。梁万菊离了婚，未生有孩子。在一家子看来，这个孩子是上天赠予的礼物。

梁万菊将孩子收养在自己名下，取名梁娜娜。她每天要上班，孩子便交给母亲李贤菊照看。

“她很乖，很可爱。”李贤菊说，娜娜的出现让自己的生活变得忙碌，她每天除了捡垃圾就是照顾娜娜，还常常将捡垃圾换来的钱拿去买奶粉、水果给孩子吃。娜娜与她也格外亲近，不到一岁便学会了叫婆婆（重庆话意为“奶奶”）。

看着娜娜一天天长大，李贤菊浑身有了使不完的劲。①

① 案例选入时文字有删改。

三、并列式结构

当报道的事实不止一个，需要并列地叙述若干个新闻事实时，常采用并列式结构。如《人民日报》2018年12月3日发布的这则新闻：

案例 7.9

他们正以每天48小时的速度老去

海拔8844.43米的珠穆朗玛峰巍峨而圣洁，因为圣洁令人心生向往，因为巍峨叫人望而却步。在这离天最近的地方，西藏军区某边防团已驻扎了45个年头，从红旗飘过喜马拉雅山麓的那天起，一茬茬官兵用血肉之躯捍卫边防稳定，守护世界屋脊。今天，我们一起听听他们的故事。

这里，每年200多天的8级以上大风，未婚妻竟认不出自己的未婚夫。

一营驻守喜马拉雅山北麓的岗巴县，平均海拔4810米。作为全军驻地海拔最高的建制营，曾被中央军委授予"高原戍边模范营"荣誉称号。每年200多天的8级以上大风，把黑色深深刻入战士的面庞，形成高原边防军人特有的"岗巴黑"。

故事一

上士黄立的未婚妻晏甲，进藏上哨来成家，却在火车站台闹了笑话。

原来，接站之人与晏甲记忆中的男神相去甚远。几番比对暗号确定未婚夫身份后，晏甲心碎了，她捧着黄立紫黑的面庞泣不成声。

故事二

那年秋天，列兵王强强结束在查果拉哨所半年的驻防，下哨返回连队，行至营门，竟被轮值的同年兵边敬超拦住。

只因他严重脱发，连战友也认不出。士官刘亚休假回乡，却躲进宾馆不敢见爸妈。原来，他白天争着执勤巡逻，晚上也要抢着上岗值班，脸上布满晒斑和冻疮，换了模样。

故事三

不只是岗巴，在这个团，你总能听到这样"青春易老"的故事，这似乎成了高原军人的另一种标签。

作为六连的一名老兵，中士吴杰已坚守2099天。入伍第3年，他第一次探亲休假。在火车站，把吴杰一手带大的外婆竟认不出外孙。相见后，外婆抚摸着他黝黑的脸，心疼得直落泪："你是去当兵，还是去挖煤了，咋黑成这样了？"

这种埋怨,直到吴杰第二次探家带回来刊有自己事迹的报纸才停止。那天,大姨当着全家人的面,念出吴杰在珠峰脚下巡逻的故事。听罢,外婆脸上乐开了花:"当了兵就是不一样!"临归队时,外婆再三嘱咐吴杰:"把身体养壮,为国家站好岗、放好哨。"

故事四

班长邹佐坪说,2009年还是新兵的他,首次踏上巡逻兰巴拉的征程。年少轻狂的他对班长的叮嘱不屑一顾,墨镜、防晒霜、防冻膏一样也没带。"当兵的哪有那么娇气?"邹佐坪轻装上阵,一路上却接连出现雪盲、脱皮和冻疮的症状,返回连队半个月才基本恢复。

故事五

在通往界碑的路上,有一片巨大的冰川,雪峰巍峨、冰川壮美,但官兵鲜有观景的雅致。因为雪下的冰川危机四伏,有无数深不见底的冰窟窿。一旦掉下去,后果不堪设想。

对此,上士刘凤杰最有话语权。2015年,他随巡逻队巡逻某界碑,突遭暴雪失去方向。刘凤杰毛遂自荐,在前方当起开路先锋。一个趔趄,刘凤杰大半个身子突然沉入雪中,幸亏横挎的枪支卡住了冰缝才逃过一劫。

说起曾经的"死神来了",刘凤杰轻描淡写。他说,这样的"死神"光顾,只是对边防战士最基本的考验。再遇巡逻任务,他还会迎险而上,绝不会后退![①]

为了反映驻藏官兵日常状态,这则报道选取了几个日常片段,以并列组合的形式,向读者讲述了这群驻藏官兵的坚持与坚守。这样的写法在更大范围内对事实进行了描述,尽可能地还原了原貌。

消息的写作结构,除了倒金字塔结构、正金字塔结构/时间顺序结构、并列式结构以外,还有许多其他结构,如因果式结构、对比式结构等等。具体写作结构方式的选择,并没有统一的标准,而是要根据具体的新闻事件、新闻价值进行判断,选择最合适的结构方式。

本章小结

本章我们主要学习了文字新闻稿件的写作。消息稿写作是最常用的新闻写作体裁,包括标题、消息头、导语、主体、背景、结尾等六个部分。每个部分的写作都与该新闻要突出表现的某个新闻要素密不可分。通讯的写作允许有描写、议论等主观观点的表达,但是遵循新闻真实性永远是第一要求。

---

① 案例选入时文字有删改。

第八章

音频媒体采编

本章引言

所谓音频媒体,并不是传统意义上的广播电台,所有以声音为载体,在音频平台上传递信息的媒体都称之为音频媒体。近年来,新型媒体不断涌现,媒体间的不断融合,使音频媒体迅速发展壮大,迸发出新的活力。

目前,各类App客户端几乎都有音频节目,例如"学习强国"平台中,就有专门的"电台"专栏,包含了"听同期声""听原著""听广播""听文化"等多种音频节目,满足了不同受众的信息需求。

本章将着重分析音频节目中的广播消息类节目采编,使大家掌握广播消息的基本制作方法和技巧,并对未来音频媒体的发展做深入思考。

第一节　广播消息概述

广播消息是广播电台的立台之本，在广播事业发展中发挥着重要作用。一直以来，广播消息以其独特的传播特点，成为人们接收新闻信息的重要渠道之一。

一、广播消息的概念

广播消息又被称为“广播新闻”，是指以广播为传播手段，对新近发生或正在发生的具有传播价值的事实的报道，包含了所有的新闻性广播内容和报道形式。广播消息涉及的报道范围非常广泛，例如：时政新闻、社会新闻、经济新闻、军事新闻、体育新闻、娱乐新闻等。长期以来，广播信息在事实报道、舆论引导方面发挥着重要的社会作用，体现了音频媒体的专业性和权威性。音频媒体传播信息的唯一符号是声音，广播消息在采编过程中充分运用声音传播的特点及优势，使报道内容更加生动形象。

二、广播消息的传播特征

广播消息不同于报纸、电视、网络等其他媒体的新闻消息，作为传统媒体，广播消息的传播特征主要体现在以下方面。

（一）传播迅速，时效性强

广播消息利用电波传递声音，具有传播速度快的特点。面对突发新闻、重大新闻，广播消息的采编更加快速，其信息传输设备携带方便、操作简单，在特殊情况下，能够在新闻事件现场快速进行直播报道，第一时间通过声音将信息传播出去，大大缩短了新闻在采编过程中耗费的时间，它还可以随时在播出节目中插播最新信息，体现了较强的时效性。

（二）覆盖面广，受众广泛

广播消息的覆盖面十分广泛，且收听便捷，广播消息节目的受众不受年龄、性别、职业、文化、地域等的影响，只要有声音接收设备，随时随地都能获取信息。同时，广播最大限度地解放了受众的双眼和双手，因此也被更多的受众所接受。

这一传播特征也让广播消息在媒介融合中，占有不可替代的位置。

（三）形式多样，感染力强

广播消息的内容涉及各个领域，只要是最近发生或正在发生的有传播价值的事实，都会成为它报道的内容。在报道形式上，针对不同内容、不同传播对象进行多样化呈现。一方面，广播的播放形式有直播也有录播，形式灵活多样，广播消息根据广播不同的播出信号进行编排播出，使传播形态多样化；另一方面，有声语言和音响的配合让广播消息更具有现场感，更加生动，能充分扩展受众的想象空间，引发受众的情感共鸣。

（四）转瞬即逝，不易保存

声音是广播的唯一传播符号，听众在收听的过程中，信息转瞬即逝，使受众对传播内容不易留下深刻印象，特别是对一些复杂抽象的内容，很难在瞬间理解透彻。相对于报纸、杂志等可以反复进行阅读、思考的媒介，广播节目不易随时随地保存信息。

（五）线性传播，选择性差

纸媒是以平面的、实体的形式呈现在读者面前，读者可以根据自己的需求和兴趣选择内容，拥有较强的自主选择权。而收听广播节目则需要按照播出的时间顺序来收听，收听过程必须完全按照时间线来进行，节目既不能暂停也不能后退、快进，受众很难自主选择自己喜欢收听的节目内容。在特定的时间里，受众只能有效接收一套节目，而且要按时接收，受众的选择性较差。

三、广播消息的类别

广播消息是以声音为传播符号的新闻报道，其信息载体只有声音，声音又分为语言、音乐、音响三种。根据采录声音的不同，广播消息节目类型有语言类、音乐类、音响类。语言类节目是指仅仅使用有声语言来传达新闻内容。音乐类节目指的是用有声语言和音乐进行新闻报道。音响类节目指的是用有声语言和各种音响进行新闻报道。常见的广播消息表现形式有以下几种：

其一是口播新闻。口播新闻一般内容较短，多为一句话新闻，新闻内容直接由播音员进行播报。

其二是录音新闻。录音新闻采用现场音响报道新闻事件，运用现场的实况录音、采访录音等报道新闻内容，比文字报道更真切、具体、生动、形象，有立体感和感染力。

其三是现场报道新闻。记者在新闻事件的现场，通过话筒或录音设备对新闻事件进行报道。记者可以事先录制现场报道内容，也可以在新闻事件发生的同时，以直播连线的形式进行报道。

第二节　广播消息的制作

广播节目内容丰富、形式多样，不同的节目类型选择的制作方法也各有差异，但总体来说广播节目有特定的采访技巧和制作流程。以广播消息为例，广播消息的采编跟其他媒体的新闻采编一样，需要媒体工作者深入新闻现场，对新闻事件本身及其背景资料、相关信息进行采编，通过声音这一媒介来传播信息。

广播消息制作主要包括选题策划、采访录制、文字编辑、声音编辑等环节。

一、广播消息的选题策划

广播消息采访报道的第一步是确定新闻选题。在人们的生活中，每天都有很多新闻事件发生，这些新闻的价值不尽相同，作为广播消息节目，其播出时间是有限的，要在节目规定的时间内播出最重要、最丰富的新闻内容，就要从众多信息中选择最具价值的新闻进行报道。

（一）新闻选题

对于记者来说，广播消息选题来源主要有四个方面：第一，上级领导或编辑策划部门指派的选题，这类新闻常被称为“硬新闻”，其新闻价值突出，社会影响力大。例如，每年的两会报道，与国家的路线、方针、政策相关的重要会议，社会普遍关注的医疗、教育、食品安全等话题。第二，记者通过社会调查自己发掘的选题，这类新闻常被称为“软新闻”，大都与人们的生活息息相关，需要记者敏锐地发现、深入地挖掘。例如，人们的衣、食、住、行中往往有意义深刻的选题。第三，突发性新闻事件，通常是指突然发生的天灾人祸，这类新闻是不能预先知道的，例如“9·11”恐怖袭击事件、“5·12”汶川地震等，对这类突发事件的报道，需要记者快速反应，且具备丰富的采访经验和知识储备。第四，社会人士提供线索的选题，属于记者“听到的”新闻线索，不是记者自己发现、挖掘的选题，需要记者根据线索去调查了解其真实性。

（二）前期准备

广播消息制作第一步是明确报道主题，把握传播方向，对报道角度和表现形式做到心中有数，充分的前期准备工作有利于传播效果的最大化。前期准备工作主要包括以下几点：

1.报道内容的构想

广播消息在采访报道前首先要确定报道主题，并围绕报道主题做好前期的资料收集工作。记者要根据收集到的资料对报道内容进行梳理，制订报道框架。明确报道主题，可以让记者到达新闻现场后准确把握采访方向，更好地进行新闻事实的报道。当然，报道内容的构想并不是一成不变的，记者在新闻现场要根据新闻事件的发展变化及时调整报道的内容。

2.报道形式的构思

广播新闻的报道形式是指运用声音的三大元素（语言、音响、音效），将记者的现场报道、主持人的有声语言表达、新闻现场的实况音响、新闻人物的讲话录音等有机结合起来，对新闻事实进行报道。简言之，它是音响和语言相结合的报道形式的总称。广播消息的报道形式是多样化的，从表现形式上看包括录音新闻、录音通讯、录音特写、录音访问、配乐报道等；从播出方式上看有录播、直播两种。

3.采访形式的策划

随着科技的进步，新闻报道的采访形式越来越多样化，有电话采访、网络采访、面对面采访、预约采访、随机采访、调查采访等等。同时，在媒体融合的今天，广播消息的采访形式也在不断创新发展，除了录音采访，广播新闻记者还可以通过新媒体平台进行视频采访、图文采访等等。

4.策划方案的确定

围绕前期各项工作，新闻记者要制订具体的采访报道策划方案，并对方案进行可行性论证，针对采访中的不确定因素可以制订多套方案，确保采访报道顺利进行。

确定报道主题和报道形式后，要对整个报道所要消耗的人力、物力、财力等进行预算，避免资源的浪费或预算不足。方案也要根据条件的变化随时进行调整，学会取舍。

在采访报道过程中，新闻记者要根据实际情况随机应变，也要对特殊制作技术手段及天气情况等进行考量。如果存在被访者无法接受采访的情况，要及时更改采访计划或修正采访方案。

二、广播消息音响的采访录制

广播消息的采访录制包括了采访提问环节和声音采录环节，关于新闻采访提问的方法和技巧，在前面的章节中已经进行了系统、详细的阐述，这里将着重就广播新闻音响采录进行梳理，介绍广播消息音响录音的操作方法、技巧及要求等。

（一）广播消息音响

在广播消息录音报道中，音响录制质量的高低直接影响节目的效果和质量。广播新闻音响的采录包括人物音响和环境音响两个方面，人物音响也称人声，指的是人的语言及人的发声器官或动作所发出的声音；环境音响也称物声，既包括了自然界的声音，如风、雨、雷、电等的声音，又包括了社会音响，如汽车声、机器声等等。由于录音音响的组成不仅有声源的直接声，还包括了录音空间的反射声与混响声，所以只有在好的声源环境中，才能录制出清楚、干净的音响，否则很容易产生噪音。

音响是广播消息的重要因素，也是让广播节目生动形象、立体化呈现的重要方式，各种音响和真实的采访录音，体现了新闻的真实性，给受众强烈的现场感，拓展了受众的想象空间，给人身临其境的感觉。

例如，在《惊心动魄160分钟——首次揭秘“长五”推迟发射》的报道中，就运用了大量的音响，包括现场环境音响及人物音响。火箭点火音响、口令声、掌声等声音都对新闻内容起到了补充说明的作用。火箭点火音响压混、口令声，是对“火箭发射9秒后，长征五号8台液氧煤油发动机和2台液氢液氧发动机终于达到1060吨级的推力”这一内容的补充，现场的音响对火箭发射情况进行了声音的还原，给受众一种身临其境的感受。“掌声”这一音响的反复运用则起到了渲染情绪的作用，体现出火箭成功发射升空时人们激动的心情，引发受众情感上的共鸣。

同时，零一号指挥员胡旭东与发射场区指挥部总指挥长王经中的人物音响使报道更具现场感和真实感，受众听到他们的声音，就像亲临指挥现场一样。同时，总指挥长王经中宣布的“长征五号运载火箭首次飞行任务获得圆满成功！”这一人声的运用，使报道更具权威性。

（二）广播消息音响的录制

1.对现场音响要敏感

现场音响在广播消息的录音报道中起着重要作用，音响的呈现会让广播消息的报道更具真实性，既能最大限度还原现场，又能给予受众强烈的代入感，激发受众的收听欲望。记者必须善于敏锐地捕捉现场音响，特别是对新闻人物音响和现场环境音响要做出快速反应、及时采录。

例如，广播消息《省长热线电话在泰来被封锁》，获得了2002年中国广播电视短新闻消息一等奖，报道开头有这样一段人声的呈现：

（录音）“我的孙子都十三了，现在也没落上户口，找哪儿哪儿不管！想给省长打个电话吧，黑天白天地拨也拨不通。”

讲以上这番话的是泰来县胜利乡三合村村民王永福。

报道开篇就用音响的形式把新闻的主题凸显了出来，“上户口”“电话打不通”，这些关键词也为通篇的报道埋下了伏笔，这段录音一出来，大家的疑惑也就来了，孩子13岁了上不了户口，怎么回事呢？带着这样的疑问，受众对接下来的报道内容充满了期待。更为吸引人的一点是，这些内容都用村民王永福的人物音响呈现出来，当事人用第一人称的口吻说出来更加引人入胜，人物形象也更加立体。而这一音响如果记者在现场没有捕捉到，直接用播音员的语言表达出来，相当于对内容进行了二度创作，其语言表达就会跟当事人的语言明显不同，就很难达到好的收听效果。

2.注重细节音响的录制

广播消息中现场音响采集越有细节越能引起受众的注意，细节音响呈现可以大大提升广播消息的传播效果。细节在生活当中无处不在，它有时候就是人们言语中的一句话，或是人的笑声、哭声、咳嗽声、鼓掌声、欢呼声等，如果能恰当运用在录音新闻中，会起到意想不到的效果。这样的细节往往最能刻画人物内心，渲染氛围，推进事件的发展。例如在《惊心动魄160分钟——首次揭秘“长五”推迟发射》中，细节音响非常丰富，特别是指挥员胡旭东的人物音响，通过他对发射时间的现场指挥——“6分钟准备”“3分钟准备”“2分钟准备”“1分钟准备”“4、3、2、1……点火”，随着时间一秒秒过去，现场的气氛逐渐紧张，受众的紧张情绪也随之而来，时刻给人神经紧绷的感觉。在这其中还有一个细节，电话铃声的现场音响，现场的电话声会引发听众的联想，不断推动事物的发展。这些细节音响的运用使整个报道节奏紧凑、引人入胜。

（三）音响在采集过程中要遵循的原则

首先，所采集的音响一定要真实、自然、准确，不能断章取义、以偏概全，更不能弄虚作假。

其次，所采集的音响一定要与新闻主题相关，真正体现新闻价值，要求记者在采集过程中要注意取舍，再好的音响只要与主题无关，都要大胆地舍弃。

再次，采集的音响要有典型代表性，不管是现场环境音还是人声都要找最具代表性的，这样才能起到最佳效果。

最后，要采集具有感染力，有代入感的音响，充分利用音响来刻画人物内心，烘托现场氛围。

三、广播消息的文字编辑

广播消息现场采访录制完成后，就要开始对文字内容进行编辑。

（一）广播语言的特点

广播语言是书面语言的口头表达，具有以下特点：

1. 面向大众，通俗易懂

广播是面向广泛的范围和受众进行传播的，受众的年龄、性别、文化程度等各不相同，为了确保每一个收听节目的人都能听得懂、听得明白，广播语言具有通俗易懂、符合人们信息接收习惯的特点。

2. 语言规范、表述严谨

广播语言的内容是完整的，词汇量大、语法规范，具有清晰条理的语言结构和逻辑，表述简单明了却又寓意深刻，没有“嗯、呃”之类的口头语。

3. 生动形象，感染力强

广播语言的呈现更加生动、具体、形象，能充分激发听众的想象力，听众的情绪也会跟着广播语言的节奏起伏变化。

(二)广播语言写作要求

广播消息是以声音为符号进行信息传播的,属于线性传播,受众的选择性差,不像文字新闻那样可以由受众自己选择看新闻的时间和节奏,因此,广播消息在写作中要为"听"而写,需要注意以下几点内容:

1.篇幅要简短

在广播消息中,根据报道时长可分为短消息和长消息,短消息的时长为1分30秒以内,长消息的时长为1分30秒到4分钟,当前广播新闻播音员平均语速为每分钟260字左右,因此,广播长消息字数控制在1000字以内比较合适,广播短消息字数应控制在300字左右为宜。

2.语言口语化

广播消息的传播特点决定了广播语言一定要接近口语,避免书面化,多用双音节词代替单音节词。例如:"虽""但""并"这样的单音节词,用作书面语言时我们很好理解,通过广播声音传递却容易使受众听不清楚或听不到,因此在写作中可以把他们改为双音节词,如:"虽"改为"虽然","但"改为"但是","并"改为"并且",这样一来,就更倾向于口语化。当然,也并不是所有的单音节词都要改为双音节词,要根据整句话的内容去分析判断。①

3.语言规范化

语言的规范化主要体现在语音的规范、词语的规范、语法的规范等方面。广播消息写作要准确、真实,容不得半点含糊,要避免使用同音异义词,例如:权利—权力,本意—本义,考查—考察,变换—变幻等。这些词语的词义接近,不容易造成视听上的混淆。但也有一些同音词,意思相差非常大,例如:终生—钟声,长命—偿命,报酬—报仇,报复—抱负,意义—异议等。这些同音词的意思完全不同,受众在听的过程中很容易理解错误,要求新闻稿件在处理这些词语的时候要充分利用上下文的意思,限定词语的含义,使听众正确理解词义。②

4.内容形象具体

广播消息文字写作中要用通俗易懂的语言对新闻事实进行报道,既要实事求是又要形象具体。一方面,在文字写作中多用大家耳熟能详的词语,深入浅出地进行新闻报道,少用一些难以理解的生僻词、专业术语等;另一方面,如果确实

① 周小普:广播电视概论[M].北京:中国人民大学出版社,2014:172.
② 周小普.广播电视概论[M].北京:中国人民大学出版社,2014:172.

涉及专业性比较强的词语，或者较为抽象的内容，要善于运用比喻、举例来加以说明。例如：正在施工的建筑面积有5000平方米，如果按照我们普通的住房100平方一套的话，大概有50套住房那么大。“5000平方米”对于听众来说很难直观地体会到面积的大小，用“普通住房”“50套住房”这种形象的方式进行介绍，就非常好理解了。

5.句子结构紧凑清晰

一般情况下，书面语的句子比较长，句子结构复杂，各种修辞多，复句、并列句多，用以承接上下文的内在联系。但是口语表达中很少使用关联词，句子都较短。一方面，新闻写作中就要少用“因为……所以……”“不但……而且……”等关联词；另一方面，要简化句子结构，将一些较长的句子变为几个短句，并且把里面多余的词语删掉，让每句话都简单明了。[①]

6.善于运用音响进行说明

广播消息写作可以灵活运用现场音响，对所写内容进行补充说明，并起到渲染氛围的作用。同时，在报道中如果想要用一些现场录制的音响，不能突兀地运用，一定要有文字的衔接和说明。例如，广播消息《惊心动魄160分钟——首次揭秘“长五”推迟发射》中有这样一段：

大屏幕上方也出现变化：预计点火时间变为20点41分，随之而来的是，指控大厅内响起了此起彼伏的电话声，【电话声压混】。

在电话铃声出现之前，先用具体的文字进行了阐述。

7.声调和谐，富有乐感

汉字音节中的调值具有很强的乐感，在写作中要注意词语音节的调值，多用一些抑扬顿挫、朗朗上口的词语，突出句子的韵律和节奏，少用连续的仄声字词。如果本身既是一个长句子，又是连续的仄声，播音员、主持人读起来非常拗口，听众也听不清楚。

总体来说，广播消息写作要求篇幅简短、生动形象、逻辑清晰以及语言口语化、规范化，写作中灵活运用音响会使新闻报道更具可听性。

---

① 周小普.广播电视概论[M].北京：中国人民大学出版社，2014：172~173.

案例 8.1

农民在国新办新闻发布会上唱主角

——首个“中国农民丰收节”中外记者见面会

9月20日，国务院新闻办公室围绕“中国农民丰收节”这一主题，在北京举办了一场中外记者见面会。我市内丘县岗底村党总支书记杨双牛与来自内蒙古、湖南、江西的基层农业工作者一同受邀参加，并与中外记者们进行了交流。请听报道：

【现场音压混：见面会现场音】

这次见面会的主角和以往不同，并不是来自各部门的政府领导，而是四位来自基层的农业工作者。不到一个小时的时间里，他们表达了迎接首个“中国农民丰收节”的喜悦。

内丘县岗底村党总支书记杨双牛

【出录音：给农民办丰收节日，这是在历史上也是没有的。同时，咱农民有了咱自己的节日，骄傲和自豪啊！农民高高兴兴迎一个丰收年，那种喜庆高兴。】

湖南省种粮大户 董敏芳

【出录音：因为我们中国有7亿农民嘛，这个农民丰收节不光是我们农民丰收的喜悦，同时也是感觉代表所有农民对于政府对于我们农业人士的重视，非常感谢也非常开心。】

四位基层农业工作者除了向中外记者们介绍了他们所在地方的农业丰收情况，谈得更多的则是党和国家支农、惠农政策带给农业、农村和农民的变化。

内丘县岗底村党总支书记杨双牛

【出录音：十里听见果农笑，百里闻得苹果香。我在新闻发布会上我也给他们说，尤其是我们六七十岁以上的老年人，都感觉现在是真好啊。又给发这、又给发那，又给治病，又给发钱。】①

这篇广播消息中，几乎都是短句子，结合现场音响简洁明了地围绕“中国农民丰收节”这一主题进行了报道。在写作过程中语言非常简练，导语部分只用了两句话，就将新闻事件的时间、地点、人物、事件、背景交代得十分清楚。而音响则对文稿内容起到了很好的补充说明和画龙点睛的作用，让报道内容更加丰富、

---

① 文字根据《农民在国新办新闻发布会上唱主角——首个“中国农民丰收节”中外记者见面会》音频节目摘录（有删改）。

完整。音响与文字衔接到位,行文流畅、连贯。

同时,报道中音响的运用也将老百姓朴实、真诚的形象呈现得淋漓尽致,他们的回答实事求是、真情流露,也让人们感受到了广大农民朋友对于“中国农民丰收节”的欢迎,极易产生共鸣。

(三)广播消息的写作

新闻稿件是广播消息的主体,文字稿件在广播消息的制作中发挥着重要的协调和整合作用。新闻稿件是通过文字来揭示新闻主题,阐述新闻事实,介绍新闻事件的来龙去脉,并与音响相互补充说明,传递完整的信息。广播消息主要包括新闻标题、导语、正文、结尾四个部分。

1.广播新闻标题

不同于报刊新闻和电视新闻标题的呈现形式——他们都是看得见的标题,广播消息的标题一般是以声音的形式出现在新闻提要或摘要里面。“题好一半文”,好的新闻标题会为整个稿件增色不少。撰写广播消息的标题需注意以下几点:

(1)形象具体,让受众感兴趣。广播新闻最基本的要求是真实性,同时还要具有可听性,能引起受众的兴趣,否则再有价值的新闻,没有可听性也会事倍功半。起标题很关键的一点,要多用形象、生动的词语,把新闻要点写出来,标题要新颖、有创意,不能过于直白。

例如:《七星河湿地在哭泣》,该题目用了拟人的手法,形象生动地展示了七星河的现状。《赶丑媳妇见公婆》,讲述了济宁市市政府曝光会上对不合格厂家的曝光,寓意深刻,人们心领神会的同时对新闻报道也充满了好奇。

(2)通俗易懂,便于受众理解。广播消息在传播过程中具有线性传播、转瞬即逝的缺点,受众只能靠听来获取信息。因此,新闻标题要通俗易懂,不能用一些生僻字词或是难以理解的专业术语等,应做到在声音传播的瞬间,就让各年龄段、各文化背景的受众轻松理解信息。

(3)言简意赅,表达清楚准确。新闻标题的功能是提示新闻报道的要点,告诉受众接下来要介绍的内容跟什么有关,或者通过标题给大家留有悬念,进而吸引受众继续收听报道,因此标题一定要简单明了,努力用最少的字说清楚新闻的报道主题。

(4)形式多样,给人带来思考。有人认为新闻标题比正文还难写,干脆就用一种标题模式往上套,例如:只要是会议新闻就起《××会议召开》这类标题,千篇一律、毫无新意，更别谈凸显主题了。概括来说，广播消息标题的形式有陈述式、提问式、描写式、抒情式、赞扬式、揭露式等等，写法上也有很多艺术性的手法，让标题充满韵律美。例如:《河南农民省内看病可直接报销》是陈述式标题，《选矿厂破坏环境，岂能一补了之?》是提问式标题，《坚守住心中的那片绿》是抒情式标题，《中国地质大学登山队成功登顶珠峰》是赞扬式标题，《坑人的网络推手》是揭露式标题，《披星戴月棉农苦，风餐露宿卖棉难》巧妙地运用了诗歌的形式，这些标题既形象又深刻，让人记忆犹新。

2.广播新闻导语

广播消息写作最重要的是导语的写作，最难的也是导语的写作，好的导语要在新闻一开头就能吸引住受众。导语的写作手法较为灵活、多样，大致有以下三种导语形式:

(1)叙述式导语。叙述式导语也称为概括式导语、结果性导语，用直接叙述的方式，总结、概括出新闻的主要内容是什么。写作时可以从这几点去思考如何着手:这一新闻事件中最有价值的点是什么？大家最关心、最感兴趣的点是什么？当前的最新动态是什么？叙述式导语在写作时要注意，一定要开门见山、直击要点，不能空洞、苍白。例如:

8月2日，对肇庆市洪河乡农民王林胜来说是个值得高兴的日子，患有动脉高压症达三年之久的王林胜，在乡卫生院做了手术，解除了病痛，全部费用只花了一万元，比到市里大医院少花了两万多元。他高兴地说:“有了医疗联合体，我们农民看病，再也不犯难了。”

(2)议论式导语。议论式导语写作较为常见，通过这种方式更能凸显新闻主题，包括结论式议论、评论式议论和提问式议论(也被称为设置悬念式导语)。结论式议论导语，既有新闻事实的介绍，也点明了结论，干脆利落、方便收听；评论式议论导语能直击要害，给人恍然大悟的感觉，引人深思；提问式议论导语提的问题往往都是大家最为关注的，能快速吊起受众的胃口。例如:

“你会刷牙吗?”也许你会认为这个问题应该向三岁的孩子提出来。其实不然，兰州市著名牙科大夫白成平几乎要对他所有的牙病患者指导正确的刷牙方法。他从近五十年的行医中得出结论:90%以上的人并不会刷牙。

(3)描写式导语。描写式导语是在新闻事件中，抓住某一个细节进行描述，先从侧面烘托出新闻事件的现场，调动受众的情绪，为接下来新闻事件的报道做好铺垫。描写时，找的点一定要准确，真实还原事件现场。例如:

10月9日晚上10时30分以后，衡水第五中学女生宿舍楼发生校园暴力事件，该校女学生小丽（化名），遭到了以该班班长小佳（化名）为首的12名女学生用拖鞋打脸、拳打脚踢、泼冷水、罚跪等方式的折磨，这次暴行一直持续到次日天快亮时为止。

广播新闻导语的写作至关重要，对听众来说，他们更在意有没有在导语中获取到关键信息，换句话说就是有没有听懂这是一条什么新闻，导语的写作并非要包含新闻五要素的全部内容，只要关键信息有所呈现即可。

3.广播新闻正文

正文是新闻最为核心的部分，是对导语的承接，对新闻做进一步详细报道，它是新闻的躯干。一方面，针对导语提到的重要信息进行展开说明，包括了新闻事件的背景介绍、详细经过、主要人物、细节的描述、现场动态等等；另一方面，针对导语中提到的问题和悬念进行解答，为听众答疑解惑，补充说明导语中没有提到的信息，让信息更加完整。

广播新闻可以将文字与各种音响结合起来，记者应在把握写作原则的基础上不断创新写作形式。

（1）正文写作要明确主题，突出重点。紧紧围绕标题和导语的中心思想去组织材料，使报道主题与所用材料相统一。同样一件新闻事件，报道的角度和主题不同，所运用的材料也是不同的。例如“一民房由于线路老化发生了火灾，消防人员快速灭火挽救人民财产损失”，这件事情有不同的报道角度，可以选择人们的消防意识这一层面，也可以选择消防人员救援这一角度，还可以选择消防通道被堵耽误救援等等，角度不同，报道内容也会不同。因此，写作过程中一定要把握好主题，不能随心所欲地写，而是要紧扣主题。

（2）正文写作要层次分明，主线清晰。广播新闻是为“听”而“写”，写作思路要符合受众的信息接收特征。首先，要理顺先写什么、后写什么，一层一层地写，这样受众听起来就比较好理解。其次，正文写作一定要有主线，可以按照时间顺序来写新闻的发生、发展过程，也可以按照逻辑顺序去层层深入、揭露谜底，将事情的前因后果介绍清楚。

（3）正文写作要具体，避免空洞。写作时不能用词单调，反复重复一些内容，浮于表面的报道会给人空洞的感觉。正文要想写得具体，就要多运用丰富的材料，包括文字材料和声音材料的结合。

（4）要学会举例子，注重细节描写。在叙述新闻事实的过程中，选择典型人物和典型案例进行详细阐述，学会运用举例子、打比方的手法，多用动态词语介绍新闻信息会让文章生动、具体起来。

(5)正文写作要敢于创新。广播新闻用声音传播的特点,使其有较大的创作空间和丰富的创作手法。记者在保证新闻信息完整、准确的基础上,不应受传统新闻稿件写作的局限,要大胆尝试各种新的手法和形式。

4.广播新闻结尾

广播新闻结尾即新闻稿件的结束语,新闻要有头有尾才具有完整性,虽然结尾所占字数不多,但不可或缺。有的结尾是通过与导语呼应的方式深化主题,有的结尾则通过开放式的手法给人们留下思考的空间,引导社会舆论。目前,常见的广播新闻结尾形式有以下几种:

(1)概括总结式。这种结尾方式是最常用的,写作时在文章最后,对整篇报道的内容进行简要的概括,做一个小结,使受众加深印象。

(2)设置悬念式。新闻事件是一个动态发展的过程,有些新闻在报道过程中还没有最终的结果,但已经取得阶段性的进展,通常会用悬念式的结尾方式。例如,在突发事故的报道中,为了体现新闻的时效性,很难等到事故鉴定结果出来后再报道,都会以“事故原因正在进一步调查当中”作为结尾。例如:

记者曾多次尝试联络竞赛主办方中国计算机协会,截至发稿,尚未得到回复。事件进展中央广播电视总台中国之声也将继续关注。

(3)展望未来式。此结尾方法是根据对新闻事实的报道,正确判断出事物未来的发展方向和趋势,推测其最终的结果。运用这一结尾方式时,尽量不要自己妄下定论,可以通过采访权威人士、专家的形式,让他们给出科学的预测。

(4)动员号召式。通过对新闻事实的报道,在结尾用陈述事实的方式,号召群众或者团体积极行动起来,动员大家为了实现共同的目标而努力奋斗。例如:

“引凤筑巢”,不光要引“新村民”入村,更需要他们融入乡村发展,用新知识、新技能为乡村赋能,在乡村安居乐业,把“他乡”变成“吾乡”。在共建共享的过程中,新老村民良性互动,形成乡村振兴的持久引擎,共同绘就新农村建设的“诗和远方”。

(5)发人深思式。针对正文中所提到的现象,和揭示出的问题,不直接表明观点或立场,而是在结尾用摆事实、讲道理的方式表明态度,让大家自己去思考、去评判。例如:

有规矩,便有了度量是非的原则;守规矩,才有阔步前行的底气。讲规则、守底线,网络主播才能在开放的网络空间里跑得更稳、更远,追寻属于自己的“诗和远方”,网络空间才能更加天朗气清、惠风和畅。

四、广播消息的声音编辑

广播消息通过声音来传播信息，在新闻稿件写作的基础上，声音的编辑对于广播消息来说同样重要。广播语言中声音元素丰富，只有将语言、音乐、音响有机结合在一起，才能呈现完整、生动的报道。

广播消息除了播音员、主持人播报的新闻内容外，最具广播特色的就是实况音响中人物采访和记者现场解说构成的音响报道。对音响使用的第一步，就是学会选择符合报道内容需求的音响。

（一）音响的选择

音响报道最关键的部分是实况录音，记者从新闻事件现场采录回来的音响属于新闻报道的“原始素材”，在选择使用音响时，需要对采访、录制的音响素材进行选择、剪辑、编辑处理。虽然记者在采访报道前会做大量的前期准备工作及相关采访报道策划，但实际情况往往充满着未知的变化，音响的采录也并非跟自己预期的一样完美无缺，因此用哪一部分音响素材，用在什么位置都需要经过认真思考。我们在对音响“原始素材”进行筛选的过程中，要注意以下几方面。

1.选择符合报道体裁需要的音响

广播消息中音响的使用一般都比较精练，专题类的音响会更丰富一些。例如广播消息《惊心动魄160分钟——首次揭秘“长五”推迟发射》中，就用了非常丰富的音响，而且音响的运用准确到位，给受众听觉上的强烈冲击，起到了很好的传播效果。

需要注意的是，在广播消息的采录中也会存在特殊情况，音响采录不能满足之前报道体裁的需要，应果断地改变报道体裁，根据实际音响调整报道的体裁和方式。

2.选择最能凸显主题的音响

音响是为新闻报道主题服务的，它的运用是为了更好烘托主题，记者在新闻制作中要时刻围绕报道主题编辑素材，选择最能阐明、深化主题的音响，与主题无关的音响，不管内容多好，音质多高，都要删减掉。同时对音响的运用要简短，尽量控制在10秒钟以内，有些音响甚至只要2~3秒即可。

3.选择具有典型代表性的音响

在音响的选择过程中，要针对新闻事件的典型特点或人物的性格特征，选择有代表性的音响，以此进一步凸显事物、人物的特征。还是以广播消息《惊心动魄160分钟——首次揭秘“长五”推迟发射》为例，当中运用了很多实况音响，如指挥官的录音音响、火箭点火音响、掌声等，将整个火箭发射过程渲染得真实生动、牵动人心，其音响的运用都是非常有代表性的。

4. 选择清晰、真实的音响

广播当中音响一定要清晰、准确，不能出现模糊不清、充满噪音的音响，更不能出现错误的虚假的音响。一方面，录音质量直接决定了音响的质量，是不可改变的，对录音中出现有瑕疵的部分一定要剪掉，宁可不用都不能将带有刺耳噪声的音响放进去；另一方面，要选择真实可信的音响，确保信息的准确，特别是人物采访录音，一定是谈话者真实说出的内容，记者不能去诱导、指定他们说的内容，更不能造假，利用人工音响效果。

总体来说，音响的选择一定要符合新闻报道的基本原则，做到精益求精，音响与文字内容也一定是高度融合，相互补充、说明，共同为新闻主题服务。

（二）音响的使用

1. 使用音响要尽早

音响的真实感和独特性能瞬间吸引听众，引起大家的注意，也会使整个报道“活起来”。在一些音响比较多的报道中，尽量让音响出来得早一些，例如，广播消息《惊心动魄160分钟——首次揭秘“长五”推迟发射》报道一开始先出音响，引发受众的注意，然后再出解说进行介绍。

2. 使用音响要主动

在新闻内容的呈现过程中，能用采录的音响来表达的，尽量不用文字表达，使用音响要积极主动。相较于文字，音响更具感染力，更能给受众带来现场感和真实感。

3. 不滥用音响

新闻报道中，虽然提倡大家要多用音响、积极使用音响，但并不代表滥用音响。如果只是一味将音响毫无意义地罗列在一起，只会让整个报道变得杂乱无章，节奏拖沓。

第三节　音频媒体的新发展

随着互联网技术的进步和信息接收终端的变化，音频媒体与受众之间的关系也发生了变化，经历了以媒体为主导、单向传输的大众传播，到媒体与受众双向互动的分众传播，再到以受众为主的智能化、个性化传播的发展历程。

音频媒体立足自身优势，不断在内容上下功夫，在形式上积极探索创新，迎来了新的发展机遇。

一、广播节目的纵深发展

有人认为，传统的广播节目在传播中具有转瞬即逝的特点，传播的信息都以简短为主，很难将新闻做得有深度。其实不然，广播可以通过丰富的声音特性，利用音响和文字，做出非常有深度的报道。广播的“深度”不仅体现在“深度报道”中，还体现在新闻专题、参与性新闻节目、多媒体报道甚至现场直播等多种体裁中。

（一）广播深度报道

广播深度报道作为一种重要的新闻报道体裁，凭借传播速度快、覆盖范围广，收听方便等优势，得到广大受众的关注和认可。与其他媒体的深度报道一样，广播深度报道以追寻事物的本源、开掘事物的内涵、揭示事物的本质为目的，凭借其音响的优势，广播深度报道形成了自身特有的魅力。广播深度报道侧重运用广播特有的手段和载体，立体化、多层次、广角度地挖掘事实真相，反映事物本质，增强传播效果，注重一面剖析事实内部，一面展示事实宏观背景，突破了一人一地一事的传统报道模式，是广播新闻走向成熟的重要标志。①

广播深度报道要注重新闻事件的调查、研究、细节这几个内容。

1.多角度、多层次的报道

深度报道离不开深入的调查、全面的分析，在报道新闻事件过程中要从不同角度去思考，洞察新闻背后的新闻，同时每个侧面都要剖析到位，把事件的来龙去脉讲清楚。如果只是从单一角度去报道，很难做得有深度。

① 李斌.浅谈广播新闻节目的深度报道[J].群文天地，2012(16)：140~141.

2.专业人士的深度探究

除了对事实进行报道，还要结合事件进行研究，对事件涉及的突出问题进行评论，可以通过对事件所涉及的相关专家、学者、权威人士等进行访谈，探究新闻事件表象下的实质问题，直击问题的根源所在，并对其未来发展做出预测。

3.细节的报道

于细微之处见深度，深度报道离不开细节的呈现，对细节的挖掘有利于让新闻事件更加的具体，广播本身具有引发受众联想的特点，细节的报道更能激发受众的想象。

深度报道并不是报纸和电视等媒体的专利，广播一样可以做得很有深度，例如，2011年11月24日是感恩节，各大广播媒体都对这一节日做了报道，一些地方媒体仅报道了人们度过感恩节的方式，并以“感恩”为主题，号召人们要心存感恩，善于表达感谢。而中国之声《新闻晚高峰》[①]对于这样一个新闻点，提出了一系列问题：中国人过感恩节是否是盲从?“过节”是否了解了节日的文化内涵？节目邀请新闻评论员、相关专家进行深度探究，从多个角度、多个层次来挖掘这个新闻事件，从而让人们对“感恩节”不仅有了感性的认识更有了理性的领悟。

再如，2009年5月，汶川地震一周年之际，唐山新闻综合广播推出了特别节目《汶川，唐山人民永远的牵挂》，台里派记者亲赴汶川进行采访，准确、生动、及时地对事件进行挖掘报道。节目邀请多位新闻评论员和相关专家，选取多个角度进行深度报道，报道分为两大板块：一是讲述救援人员、医务人员、地震亲历者、志愿者的故事，让听众了解更多汶川地震的细节；二是报道家园重建、心灵重建，让听众对汶川的灾后重建及未来有更深刻的认识和体会。这样的一个深度报道，多层次、立体化，既有事实，又有分析，节目受到了广大听众的普遍赞誉。[②]

(二)如何做好广播深度报道

首先，报道要从群众中来，到群众中去。深度报道就要将人们关注、关心的事情，通过报道正本溯源，解决人们心中的各种疑惑。要做出好的广播深度报道，就要扎根群众、扎根基层，倾听百姓的心声。一方面，新闻记者要走群众路线，要多关注社会热点话题，特别是重大新闻事件和人们普遍关注的现实问题，根据人们的舆论焦点，选择有价值的选题；另一方面，要明确深度报道的目的是

①《新闻晚高峰》原名《央广新闻·晚高峰》。

② 李斌.浅谈广播新闻节目的深度报道[J].群文天地，2012(16)：140~141.

为了服务大众，所以要针对大众的广泛诉求进行报道，分析大家的关注点所在，掌握人们心中存在的疑惑或社会舆论中的错误言论，从而有针对性地进行采访报道。

其次，做好调查研究，重视报道策划。深度报道也被称为“调查”新闻，记者需要对新闻事件进行广泛而深入的调查研究，犹如警察破案般不断探索事情的真相，分析其中的因果关系。深度采访报道前的准备工作不容忽视，特别是前期策划，记者一定要把握全局，具备大局意识，做到心中有数。同时，还要在报道过程中做到随机应变，面对突发状况时，也能尽力排除外在干扰，根据深度报道的要求完成信息采集。

再次，多从细节着手，关注“人”的故事。前面我们提到，细节报道对广播消息的意义所在，同样，广播深度报道也离不开细节的报道，细节的描述配合音响的补充，更容易给受众带来心理上的触动、情感上的共鸣。每个新闻事件都离不开“人”这一因素，要多关注新闻人物的相关信息，通过典型人物的采访报道凸显主题，会达到好的传播效果。

最后，报道方式要叙议结合，评论精辟到位。深度报道中新闻事件的来龙去脉、起承转合，一般都采用叙述的方式进行报道，新闻评论也是其中不可缺少的重要部分，在报道中客观、公正、全面、准确的分析和评论要相得益彰。评论过程中要做到深入浅出。例如，对一些党政方针、国家政策，要结合老百姓的实际生产生活深入剖析，把握宣传重点和舆论导向，同时要用接地气的语言讲出来，让大家能正确理解国家的这些方针、政策是如何惠及百姓的，真正起到党和政府联系人民群众的桥梁、纽带作用。

（三）媒体融合下的广播深度报道

首先，发挥广播优势，加强创新意识。全媒体时代，各媒体间高度融合，针对同一新闻事件，广播、电视、报纸、新媒体、自媒体都会对其进行不同层面的报道，各媒体深度报道的角度不尽相同，内容呈现多元化。广播节目深度报道充分发挥声音的优势，特别是音响的使用，可以给受众带来不一样的体验。同时，广播“快”的优势在媒体融合的今天也不能忽视，虽然很多媒体都采用了现场直播的方式，可以对正在发生的事情进行实时报道，但广播的制作更加简单、快捷。

在我国“神舟九号”载人航天报道中，中央人民广播电台特派记者在北京飞控中心，进行了为期13天，24小时不间断追踪报道。在这一历史性事件的报道中，广播充分发挥自身优势，不断创新报道形式，采用现场直播报道、专题专栏报道等多种形式，录制了大量优秀的广播深度报道，全面、深刻地向人们展示了我国航天科技水平。

其次，深度报道助力打造媒体品牌。广播节目“短新快”的特点让受众认为其只能做一些简讯、短讯的报道，实际上只要对新闻现场的声音进行有价值、客观、正确的挖掘，广播节目也是可以做出深度报道的。尤其是在自媒体信息满天飞的今天，受众更渴望得到真实有用的信息。

目前，广播深度报道运用广泛，报道内容在政治、经济、社会、农业、军事、教育等领域都有众多成功案例，为树立媒体形象、打造媒体品牌起到了积极作用。如中国之声《新闻纵横》节目中的系列报道《温暖回家路——爸爸妈妈我来了》，通过记者的深入跟踪报道，持续关注父母外出务工而留守农村的儿童。记者在春节前夕陪孩子进城与父母团聚的过程一经报道，就受到了社会的广泛关注。这类报道也正符合了中国之声《新闻纵横》节目的宗旨——追求高度、角度、深度、广度、速度。

最后，利用大数据，加强互动性。在互联网时代、智能化时代，信息传播还要注重媒体与受众间的互动关系。网络弥补了广播单向传播、线性传播的不足，随着人工智能时代的到来，通过大数据，我们还可以更好地了解受众对信息的需求以及受众的收听习惯。广播根据各种数据反馈可以更有针对性为受众提供优质服务。

广播与受众的互动方式随着科技的发展而变化，从最初的听众来信，到热线电话，短信留言，再到现在的网站、微博、公众号等众多互动平台，人们的参与性越来越强。

二、音频节目的新特征

传统音频媒体与网络音频平台的融合促进了音频节目的发展，随着音频传播载体和互联网时代受众的变化，音频节目在内容和形式上呈现出了新的特征。

（一）内容精细化

随着对受众研究的深入，音频节目也由原来的“广播”变为“窄播”，更加注重服务品质，节目内容细化到各个领域。只要受众有需求，各媒体就有相应的音频节目提供，哪怕是针对小众群体的音频节目也做得有声有色，固定的收听群体成为节目的忠实粉丝，这也得益于以受众为中心的服务意识不断凸显。

(二)种类多样化

音频节目的类别非常多样,随便点开一个音频媒体的App,海量的音频节目实时播放,受众可根据自己的喜好进行点播。例如,喜马拉雅FM内设有众多频道,如小说、儿童、有声图书、娱乐、音乐、人文国学等,受众可以点击任一自己喜欢的节目收听。

(三)融合无处不在

在当前的全媒体时代,音频节目已不仅仅局限于广播媒体,早已在各类媒体中进行融合发展,任何一个媒体要想在竞争中不被淘汰,必须紧跟时代步伐,不能单一地只做音频或者视频,只有同时涵盖听觉和视觉的全方位报道,才能在当前的媒体环境中赢得更多的受众。这对音频节目来说也是新的机遇,例如由中宣部推出的"学习强国"学习平台,既有图文专栏、视频专栏,也有音频专栏,可以听广播、听音乐,满足受众的不同诉求。

(四)用户依赖

随着人们生活节奏的不断加快,大家获取信息只能利用碎片化的时间,这也是短视频瞬间走红的原因之一。音频节目只需人们用耳朵来听,最大程度解放了受众的双眼和双手,人们获取信息的方式更加便捷,收听时间也更为灵活。早间新闻类节目就深受上班族的喜爱,早上起床洗漱的时间可以收听新闻类节目,了解最新的社会资讯,上班路上可以收听车载广播,实时了解路况等信息,到了晚上,还有不同类型的深夜入眠节目,让人们躺在床上、闭着眼睛休息的时候也有声音的陪伴,久而久之,用户会对音频节目产生心理上的依赖,形成固有的收听习惯。

三、音频媒体"百花齐放"

纵观我国近现代音频媒体的发展历程,音频媒体的发展与媒介技术密不可分。特别是互联网技术的出现和普及,使各种新的音频媒体层出不穷,快速发展起来。

（一）音频媒体发展迅速

我国的音频媒体从第一家广播出现走到今天，经历了多个发展阶段。

其一是传统广播媒体阶段。在我国音频媒体发展初期，主要是以传统广播媒体为代表，广播媒体拥有话语权，是信息传播的主导者，受众没有选择权。音频媒体主要以调幅、调频广播为主，线性传播，受众选择性差。

其二是车载媒体发展阶段。90年代后，随着我国私家车数量的不断增加，车载音频媒体进入发展的黄金期。

其三是音频媒体互联网阶段。随着互联网技术的出现，音频媒体进入了互联网时代。最早涌现出的音频新媒体如腾讯QQ电台、网易电台，个人网络电台等等。

其四是移动音频媒体阶段。2011年9月，国内首家网络音频应用——蜻蜓FM正式上线，开启了音频媒体的迅速发展阶段。随后如雨后春笋般出现了喜马拉雅FM、荔枝FM等一批移动音频媒体。同时，新媒体与传统媒体的交互发展、融合发展愈加密切。

其五是音频媒体的智能化阶段。当前人工智能技术的发展不可小觑。音频媒体已实现与智能音响设备的互联互通，像华为手机语音系统“小E”及小米的“小爱同学”等智能语音技术，为音频媒体开拓了声音市场。

（二）音频类自媒体异军突起

纵观音频媒体的发展阶段，互联网的发展带动了音频自媒体的崛起，网络提供了人人都可以发声的平台。音频类自媒体凭借其操作简单易学，只靠声音进行传播的特性，吸引着大批音频爱好者的加入，涌现出了众多影响力强、受众广泛、不断创新的音频类自媒体。

（三）音频媒体多元化融合

媒体融合发展的全媒体时代，传统媒体与新媒体必须把准时代脉搏、与时俱进，结合最新的媒介技术，针对受众的需求提供信息服务。当前，广播在与其他媒体的融合发展过程中，充分发挥自身优势，不断创新节目形式和优化节目内容，为媒体多元化发展注入了生机与活力。

1.内容融合

音频媒体在节目类型上的细化，使其内容更加丰富、充实。有了好的内容，才能长期稳定地为受众提供好的服务，也才能吸引更多的受众群体。不少音频媒体已经意识到只有将内容和形式不断融合，才能更好地发展。例如中央人民广播电台，作为传统广播音频媒体，在内容上对各广播音频媒体及音频节目进行了整合，在其电台直播专栏中，全国各地的广播音频节目都可以实时收听，其节目分类更是涵盖了时政、综艺、音乐、听书等近20个门类，平台传播的信息更加丰富、全面。

2.平台融合

我国在2013年就提出了媒体融合发展的相关问题。如今，音频媒体平台与传统纸媒、视频媒体、网络媒体等平台交叉融合，让声音这一传播媒介运用最大化。例如，央广网作为中国最大的音频广播新闻网站，旨在通过互联网平台让中国声音传遍世界，目前，它不仅将音频内容进一步深化，同时与其他媒体融合，音频节目、图文信息实时更新，并开辟各类视频专题，通过网络连接与央视网、学习强国等平台搭建信息互通的桥梁。

同样，作为传统纸媒的《人民日报》，伴随着互联网的发展，在其网络平台除了图文、视频节目的呈现，还设置了音频板块，将图片、文字、声音、视频高度融合。

2019年1月1日，“学习强国”学习平台正式上线，随后，PC端和手机客户端面向广大受众上线，该平台聚合了强国通、电视台、电台等多个板块的几十个频道，打造成集图文、视频、音频等于一体的综合型媒体，真正做到了各媒介的高度融合。在电台专栏中，更是将音频节目运用到极致，涵盖了听同期声、听原著、听理论、听文化、听小喇叭等频道。

3.技术融合

当前，科技已成为媒体发展的先决条件之一，5G技术与人工智能时代已经到来，音频行业借助技术的融合发展必将迎来巨大的发展机遇。目前，微软智能机器人“小冰”已拥有超过一亿的用户，对话记录累计超过300亿轮，并已成功进驻重庆交通广播、河南交通广播等28个广播电台，成为可以身兼多职、连续工作的主播，其丰富的对话积累和强大的运算能力大大提高了广播电台的工作效率。网络音频平台也纷纷推出绑定了平台内容的智能音箱，为内容传输开拓新载体。①

2019年5月21日，以“跨界融合，声音‘智变’”为主题的中国声音大会在上海举办，探讨在5G技术与人工智能的加持下，音频行业未来的发展走向。我们

---

① 申启武，李颖彦.融合思维下音频媒体的智能化转向[J].传媒，2019(10)，24~28.

相信，技术的发展融合会让音频媒体实现优势最大化，“唤醒式”“陪伴式”“场景化”音频市场，将会为人们开启“听觉生活”的未来。

本章小结

音频媒体在媒体不断发展融合的今天，始终拥有独特的传播特点及优势，在音频节目采编过程中，只有对音频媒体有较为全面的认识，才能制作出优质的音频内容。音频媒体由广播发展而来，因此音频节目制作的基本规律及流程与传统广播节目制作大同小异，本章以广播消息的制作为例，重点阐述了广播消息采编过程中的重要环节，旨在使大家掌握音频媒体采编的方法和技巧。同时，对当前音频媒体发展的新形势、新动态进行分析，引发大家在音频媒体领域对未来的思考，发挥音频媒体在信息传播中的重要作用。

第九章

视频媒体采编

本章引言

视频媒体主要通过视频的形式传播信息，其信息符号包含了声音、图像和文字，电视作为视频媒体的起源和重要的视频传播媒介，在新闻传播过程中发挥着不可替代的作用。本章将从电视新闻文本写作、新闻现场报道、直播报道几个方面，对视频媒体采编进行梳理。

第一节　电视新闻文本写作

电视新闻写作不同于报纸、广播新闻写作，电视新闻写作既要考虑稿件与画面的结合，还要考虑播音员、主持人有声语言的表达。

一、电视短新闻文本写作

电视短新闻常被称为电视短消息，媒介融合发展的今天，为了在固定时间内播出更多的新闻信息并保证新闻的时效性，电视短新闻在视频媒体中运用较为广泛。

（一）电视短新闻的特点

1.篇幅简短

电视短新闻的篇幅一般都非常简短，时间大都在1分30秒以内，有的只有几十秒，除去同期声部分，电视短新闻的文稿一般在200~600字左右，电视短新闻需要用最少的文字传达新闻信息。

2.生动形象

电视的传播符号包含了声音、图像、文字等，满足了人们的感官需求。播音员在解说新闻的过程中，语言表达抑扬顿挫，停连、重音等的运用让新闻悦耳动听、便于理解，而动态影像、图文等的呈现让新闻更加生动形象。

3.通俗易懂

电视新闻摒弃了书面化的写作方法，语言文字接近人们的生活用语，对难以理解的内容，还会用图像进行解释说明。例如，针对一些抽象的数据，电视新闻会通过图表、文字等形式呈现出来，起到很好的补充作用。新闻内容的呈现形式符合受众的接收习惯，贴近人们的生活实际，通俗易懂。。

4.内容丰富

电视短新闻报道涵盖的范围十分广泛，涉及时政、社会、体育、军事、国际等各领域。此外，新闻内容的报道形式也非常丰富，除了以解说加画面的形式呈现，还有同期声、出镜记者现场报道等形式。

5.立体化呈现

电视传播的三大要素——图、声、字，具体到新闻中形式更加多样，图像包括图片、视频、图标，声音包括语言、音乐、音响，还有新闻标题、字幕等文字的使用，集“看、听、读”于一体，让电视新闻全方位、立体化呈现在观众面前。

（二）电视短新闻的写作方法

提到电视短新闻的文本写作，我们首先来看一例范文，了解电视新闻的专业术语及结构组成。

案例 9.1

青海玉树：军地合力应对震后最大一次雨雪天气

【导语】从昨晚开始，玉树地震灾区遭遇震后最大一次雨雪天气，救援部队官兵与当地各方力量紧急行动起来，采取措施确保灾区群众生产生活正常。

【现场报道】本台记者 王卫国：这里是玉树赛马场受灾群众安置点，因为降雨时间比较长，现在山上已经形成了一层积雪，安置区的河水也上涨了。

【解说】在结古镇一些路段，积水无法排出，低洼地带帐篷被淹，消防官兵带着抽水机前来救援。在很多安置点，解放军和武警官兵挨家挨户排查，加固帐篷，安装防雨设施，挖掘排水沟。第二炮兵医疗队还为村民们送来了熬制好的驱寒姜汤和感冒药。

【同期声】玉树州结古镇红卫村村民 尼玛卓玛 ：今天天气特别冷，解放军送来了姜汤，我们心里特别暖和。

【现场报道】本台记者 王明生：这里是玉树民政宾馆，也是这次抗震救灾物资的存放点。

【解说】青海省军区独立团组成地质勘测小分队，与当地村民配合，沿山脚和河流低洼地段展开全面排查，避免降雨可能带来的次生地质灾害。[1]

在这篇电视短新闻报道中，我们看到有标题、导语、现场报道、同期声、解说，这些都是新闻文本的组成部分。一条电视短新闻的撰写，一般包括以下几个步骤：剪辑同期声，撰写导语，正文写作，结尾写作，拟定标题。

---

①文字根据《新闻联播》节目摘录（有删改）。

1.剪辑同期声

同期声是指在新闻采访现场同步录到的声音及画面，一般指记者对被访者的采访内容。在电视短新闻中，同期声的正确运用可起到“画龙点睛”的作用，并对解说词进行补充说明。

在文稿写作之前，我们首先要对拍摄素材当中的同期声进行剪辑处理，筛选出有用的同期声，并记录被访者所说内容，形成文字。剪辑同期声的过程中，要大胆删减掉无效的采访，保留最能反映新闻事实、体现新闻主题的采访内容，但这并不意味着保留的有效采访都会编辑到节目当中。像上文提到的案例中，村民尼玛卓玛的同期声只有一句，但在采访时她未必只说了这一句。在正文写作时，要根据写作内容及上下文的衔接，选择最为恰当的同期声编辑到文稿中。

2.撰写导语

导语在电视节目中是由播音员、主持人面对镜头进行播报的内容，因此，导语写作要符合口语表达习惯。一方面，新闻导语要简短，避免长篇大论，语言要准确，符合新闻事实，导语的结尾设计，要与下面的正文自然衔接；另一方面，导语还应运用各种手法，如疑问、设问等富有悬念的方式引起受众的兴趣，吸引受众关注接下来的正文内容。一般来说，导语写作有概括式、提问式、悬念式、提醒式、花边式等几种形式。

(1)概括式。概括式导语是新闻导语中最常见的模式，一般是将新闻当中最核心、最吸引人的部分提炼出来，开篇就引起受众的关注和重视。例如：

记者今天从北京市地税局获悉，从3月1日开始，全市55万已经办好个人机动车纳税协查IC卡的私车车主，就可以直接到农行储蓄所或者地税局的办税网刷卡纳税了。在3月份的征期内，全市376个征收点节假日照常工作。

这则导语中将关键信息都提炼了出来，如刷卡纳税的时间从“3月1日开始”，对象是“已经办好个人机动车纳税协查IC卡的私车车主”，办理方式是“直接到农行储蓄所或者地税局的办税网刷卡纳税”，还特别提到一点，关于全市征收点的工作安排是在3月份内，节假日照常工作，受众通过导语就可以很全面、清楚地了解关于机动车纳税的相关信息。概括式导语一般适用于较为重要、正式、严肃的新闻报道，如会议类、政策类、通告类新闻等。

(2)提问式。提问式导语是通过疑问、反问、设问等方式作为开头，针对受众关注的问题，通过问句引发人们的思考。例如：

刚刚过完敬老节，金山区漕泾镇一位87岁的老人被小儿子赶出了家门。一生养育了6个子女的老母亲怎么会无家可归？风烛残年的老人又该如何面对这不幸的遭遇呢？让我们跟随记者一起去看一看。

导语第一句“刚刚过完敬老节，金山区漕泾镇一位87岁的老人被小儿子赶出了家门”将新闻的时间、地点、人物、事件交代得十分清楚，看到这里大家都想知道事件的原因是什么？为什么老人会被赶出家门？导语连续用两个问句提出大家共同的疑问，且在每个问句当中加了细节的描写，“一生养育了6个子女的老母亲”“风烛残年的老人”等描述使受众心情更加沉重，迫切地想知道答案。

(3)悬念式。悬念式导语可以很好地引发受众的好奇心，开篇不直接叙述新闻事实本身，而是把新闻事件中的原因或结果设置为一个未解的“谜团”，使受众带着心中的疑惑或猜测继续往下看，并在接下来的报道中给出答案。悬念式导语通过巧妙设计事件中的悬念，引发受众的好奇心理。例如：

凌晨2点，110接警中心响起了急促的电话铃声，电话接通后传来了一名女子的哭泣声，几秒钟后电话挂断了，报警人究竟是谁？她遭遇了什么？

这句导语中就是在设置悬念，给受众营造一种紧张感和不确定性，在接下来的报道中解开“谜团”。

(4)提醒式。提醒式导语是对有警示意义的内容做出提示，适合资讯服务类新闻的导语写作，导语的提醒内容常常和受众的生活密切相关，能够引起受众的普遍注意。比如，关于某个季度房价报道的新闻导语：

国家发改委、国家统计局近日发布了35个大中城市房地产市场的最新调查报告，无论是出于房屋的刚性需求，还是出于投资需求，都有必要了解这份调查报告，并结合国家近期出台的房屋政策做出综合解读，看清未来一段时间内的房屋价格走势。

这则导语中针对最新发布的“房地产市场的最新调查报告”，对市民提出警示，“刚性需求”“投资需求”“房屋价格走势”等提醒内容贴近购房者的实际需求。

(5)花边式。新闻的花边部分不是新闻事件的核心和重点，只是新闻事件的一个花絮，却可能喧宾夺主地吸引受众的注意。因此，追求报道“标新立异”者非常关注新闻的花边部分，目的就是用新闻花边吸引受众。

例如，报道中国(长春)国际汽车博览会开幕式，用概括式导语可以写成：

今天9时，第十届中国(长春)国际汽车博览会在长春国际会展中心盛装开幕，这标志着为期10天的长春汽博会大幕正式拉开。

这则导语将新闻的时间、地点、事件等要素交代得非常清楚，但通过导语很难找到亮点，较为平淡。如果采用花边式的导语写作方式，可以写成：“××车模今天亮相长春汽博会，引来无数参会者围观和拍照。”花边式导语中只将新闻事件中最吸引人的部分提炼了出来，那就是“××车模”亮相长春汽博会，引“围观和拍照”，这种写法很大程度上满足了受众的猎奇心理，成功吸引住受众。

花边式导语存在重要信息被忽略、核心内容得不到体现、信息过于娱乐化等问题，就像上文提到的花边式导语，利用车模来博取受众眼球，将焦点放在了车模身上，汽车博览会本身的新闻价值却得不到体现。电视新闻是面向大众进行传播的，这种花边式导语对部分受众如青少年，易带来错误示范和负面影响。因此，花边式导语的使用要恰当，不可滥用。

3.正文写作

正文写作是新闻写作的主体部分，无论是之前导语中做出的概括提要，还是给出的提问和提醒，都需要在正文部分予以展开介绍。新闻的核心内容也要在正文进行报道，写作时要言之有物、条理清晰，电视短新闻的正文写作，应当特别注意以下几个方面的问题。

(1)为“听”而写，为“看”而写。电视新闻写作不同于报纸新闻写作，报纸是以文字符号传播信息的，是用来“读”的，其新闻写作只需要考虑如何用文字将新闻报道清楚，而电视新闻写作要符合电视媒介的传播特点，电视是以声音、图像、文字为传播符号，因此，电视新闻写作要为“听”而写，为“看”而写。

首先，电视新闻写作要考虑听觉因素，文字写作要口语化，符合播音员的口语表达，播读起来要朗朗上口，受众听起来更易理解。例如：

【报纸体】“我们这次洽谈会，来的人非常多，对我们来讲出乎预料，虽然谈成不多，但是我们也感到非常高兴。”洽谈会负责人7月对我们说。

【电视体】7月10号，洽谈会负责人对记者说，这次洽谈会来的人非常多，出乎他的预料，虽然谈成的不多，但他也非常高兴。

报纸体的写作中用了直接引用原话的形式，而且采用了倒装句的写作手法，看的话还能正确理解，但如果是播音员配音，最后一句“洽谈会负责人7月对我们说”，就很容易给受众造成误解，认为负责人的名字叫“7月”。而电视体的写作更适合播音员的口语表达，便于受众理解，也不会产生误解。

其次，电视新闻写作要考虑视觉因素，一定要结合视频资料进行写作，视频资料中拍摄到的内容可以展开叙述，视频资料中没有拍摄到的内容就尽量少写或不写。一般情况下，电视新闻的记者既要摄像也要写作，稿件内容与所拍摄画面相辅相成、有机统一。

(2)内容充实、清晰条理。在正文写作中要将新闻最主要的内容真实呈现出来。写作要做到结构清晰、层次分明，同时要有细节信息的呈现。例如，《青海玉树：军地合力应对震后最大一次雨雪天气》这篇报道中，正文中对具体的受灾情况，救援官兵的现场救援情况，军民合力应对灾情的情况等进行了条理清晰的报道。在报道中除了介绍现场的受灾情况及具体抗灾情况，记者还提到了一个细节：第二炮兵医疗队还为村民们送来了熬制好的驱寒姜汤和感冒药。这一事实材料的提炼和报道，让新闻更具人情味儿，内容也更为充实。

(3)行文连贯、衔接到位。电视新闻写作的内容除了解说词，还包括报道中所需要的受访者的同期声及记者的现场报道等，正文写作中要将各部分内容进行穿插衔接，最终构成电视新闻的稿件。

还是以《青海玉树：军地合力应对震后最大一次雨雪天气》为例，正文开始就用了记者的一个现场报道：这里是玉树赛马场受灾群众安置点，因为降雨时间比较长，现在山上已经形成了一层积雪，安置区的河水也上涨了。随后解说词介绍了因河水上涨导致的路面积水情况，官兵救援情况，衔接紧密，过渡自然。解说词写到"第二炮兵医疗队还为村民们送来了熬制好的驱寒姜汤和感冒药"时，下文马上衔接村民尼玛卓玛的同期声：今天天气特别冷，解放军送来了姜汤，我们心里特别暖和。被访者朴实的话语凸显了军民的鱼水情深，给人情感上的共鸣，同时也是对解说词的补充说明。在这篇报道中用到了记者的两个现场报道及一个被访者的同期声，解说词起到了"穿针引线"的作用，行文连贯，一气呵成。

(4)主题鲜明、篇幅简洁。电视短新闻的篇幅一般较短，在新闻写作的正文部分，虽然可以将新闻内容展开去说，但不能面面俱到、轻重不分，切忌什么都说，却什么又没说清楚。新闻正文写作要紧扣新闻报道的重点，厘清思路，知道新闻报道的主题是什么，明白最终新闻报道的目的是什么，想让受众获取什么信息等。

4.结尾写作

电视短新闻的结尾往往被人忽视，甚至有人认为可以不写结尾，这对新闻报道的完整性是不利的。电视新闻报道的结尾，一般只有几句话或短短一句话，好的结尾会让新闻报道的主题更加凸显，发人深思、引导舆论等。收尾方法有自然结束式 、总结概括式、首尾呼应式、呼吁式、展望式、评论式等等，不管用哪种方式结尾都要做到实事求是，紧扣新闻主题，不要刻意夸大拔高，也不要一味说教。

(1)自然式结尾。不用刻意收尾，将新闻报道的内容流畅地介绍完，很自然地结束，给人一种"水到渠成"的感觉。

(2)总结式结尾。将整篇新闻报道的内容进行概括总结，总结式结尾一般用最简洁的语言将全篇归纳到一点，突出主题。

(3)首尾呼应式结尾。在结尾时与新闻报道导语中提到的关键信息进行呼应,有头有尾,完整性强。

(4)呼吁式结尾。对报道中涉及的社会话题,或需要人们共同面对的问题,可以在结尾进行呼吁,引起大家的广泛关注。

(5)展望式结尾。展望式结尾一般用于社会热点话题,且问题正在解决当中,根据新闻当前的现状及发展动态,正确预测其未来的发展趋势。

(6)评论式结尾。结尾运用短评的方式发表议论,点明观点和看法,起到纠正视听,引导社会舆论的作用。

5.拟定标题

不同于报纸新闻标题,电视新闻标题不是在新闻导语之前起到导读的作用,而是在新闻播出的同时以字幕的形式出现在屏幕当中,对正在播出的新闻起到概括提示的作用,是对报道内容的高度概括,揭示新闻主要内容。电视新闻标题的写作有以下要求:

(1)不做“标题党”。所谓“标题党”往往是一些自媒体平台为了吸睛和点击率而故意制造的噱头。如《震惊!三个男人在树林里竟然做出这种事情!》写的是三国里的“桃园三结义”,这类标题明显与内容不符,甚至会误导受众。新闻媒体的标题制作不能学“标题党”为了博人眼球而哗众取宠,必须遵从新闻事实,贴近报道内容。

(2)真实准确、简洁明了。真实是新闻的生命,电视新闻标题是对全篇的高度浓缩及概括,一定要准确表达,如果出现不准确的表述,容易使受众产生歧义,误解新闻报道的内容。例如,《重大突破!一滴血可测癌症已被批准临床使用》这则新闻标题,很容易理解成“只要一滴血就可以检测出自己是否患有癌症”,而事实是只能测出患癌的风险,并不能确诊是否真的患癌,后来专家及媒体也对此做出了辟谣。这就要求记者在写新闻标题时,标题与内容一定要符合,做到标题真实,内容真实,不能有丝毫的偏差。

标题写作除了要真实准确地表达,也要力求简短。由于电视新闻的标题在屏幕中出现的时间较短,如果标题起得过长,受众往往要分散更多的精力去理解标题,应接不暇。因此,标题要做到短小精悍、引人入胜。例如,黄兰香在安化调研精准扶贫工作时要求:扑下身子打赢脱贫攻坚战,可简化为:黄兰香:扑下身子打赢脱贫攻坚战,直截了当、简洁明了。

(3)形象生动、朗朗上口。标题写作如果能较为形象生动地传达新闻内容,会让受众倍感亲切,且易于理解。在写作这类标题时,可多用比喻、借喻、拟人等手法，例如，中央电视台曾播出一则报道，介绍我国新下海的两艘科考船潜入深海进行勘测、扫描工作，其标题为《科考船给万米深海做CT》，做CT这一形象的比喻，使受众一下就理解了科考船的作用，非常形象生动。同时，数字和标点符号的运用也会让标题生动起来，比如，《超强农民：1=190》，讲述的是黑龙江省克山县仁发现代农机专业合作社规模经营，连片种植，发挥出大农机优势，合作社一个农民的工作量，相当于190名中国普通农民做的农活的故事。该新闻用醒目的数字为题，通过1和190两个数字的对比，让观众对超强农民有了直观感受，引人入胜。①

除此以外，还可运用对仗工整的形式，让新闻标题更加醒目，读起来朗朗上口，具有韵律美。例如：

桃江：映山红开了 引游人如织，可以改为桃江：映山花开 游人如织。

（三）电视短新闻的写作技巧

电视短新闻的写作不能过于刻板固化，要善于发挥电视媒介的传播特点，不断创新写作手法。电视利用声音、图像、文字进行传播的优势让新闻信息更加丰富，形式更加多样化，只有做到声音与画面的完美结合，才能让新闻报道更加鲜活、深入人心。在电视新闻写作中，可灵活运用以下写作技巧。

1. 做到声画同步、声画配合

声画同步指的是电视短新闻在播放过程中，观众听到的声音与看到的图像内容相互补充、相互配合、协调一致。声画的完美结合使新闻报道更加流畅、完整，有利于受众对新闻的理解。要做到这一点，记者在稿件写作之前，可以将采访过程中所录制的视频资料浏览一遍，所写内容要紧紧围绕现有视频素材展开，不能偏离视频素材，同时解说词要对画面中的不足进行补充说明。例如，2019年10月2日央视新闻直播间播出的《走在群游方阵那一刻 我们一起走过天安门》中，第一段解说词是这样写的：

这个小伙子叫王诗龙，今年19岁，过完这个暑假就是一名大二学生了，王诗龙一家与国庆有着特殊的缘分，他的奶奶曾参加建国5周年的庆典活动，爸爸则在13岁时参加了建国35周年的群众游行。

这段解说词分别对应了王诗龙看书的一组镜头（图9-1），王诗龙和家人坐在客厅看电视的一组场景（图9-2）。王诗龙在图书馆看书的镜头可以直观地让

① 赖秋羽．让电视新闻标题“亮”起来[J]．西部广播电视，2017(10)：57.

受众感受到他的一种学习状态，但对于细节信息是呈现不出来的，比如，“他今年19岁”，“即将大二”等，这就需要记者在稿件写作中对人物基本信息进行介绍，同时，画面也对解说词进行了呼应，看书的镜头更能体现出他作为学生的身份。针对王诗龙一家坐在客厅的画面，解说词介绍了关于其家人的细节，并且紧紧围绕国庆阅兵进行介绍。这些信息对报道主题来说是非常重要的，但这些内容的现实画面是没有的，就需要利用文字进行补充说明。

图9-1 王诗龙在图书馆看书画面截图

图9-2 王诗龙和家人在一起画面截图

要做到声音与画面的高度融合，必须对所拍摄素材做到心中有数。新闻稿件写作除了要结合视频素材进行叙事，还要将画面背后的故事和细节讲述出来，使解说词与画面相辅相成，从而达到最佳视听效果。

2.善于运用现场同期声

电视新闻写作中，尽量多用现场同期声，使新闻报道更具现场感和真实感。例如，2019年10月2日，新闻直播间播出的《北京 走近国庆广场合唱团 上万次积累 只为“一拍”的精准》中，运用了大量的同期声，特别是在导语之后，正文一开始就用了一段学生们在练习指挥的现场同期声，之后首都师范大学音乐学院副院长、广场合唱训练总指挥李刚的同期声始终穿插其中，对指挥的排练过程进行了非常详细且专业的介绍。

李刚总指挥介绍“同学们每天将近十二个小时的封闭训练”时，后面紧跟的是学生的同期声“大家都是每天早上大概六点多就起床，然后围着住的地方跑五公里，每天都是如此，还是挺辛苦的，除了五公里之外，我们在训练之前，包括训练之后，都会有一些相应的体能训练”。让学生自己去说每天的训练强度，更具真实性，在这篇报道中，正文解说词的写作，基本上就是抛出问题，承上启下，更多凸显报道主题的内容都是通过同期声来呈现的。例如，解说词在说“为了做到呼吸起拍丝毫不差，学生们几乎是没日没夜地训练”时，紧接着是学生的同期声：我们所要做到的是，我们所有的起拍呼吸气口全部都要一致，其实这个听起来特别简单，但是我们每一次真的是，每一天经过了上万次训练，之前师父也说，我们每一个女孩真的是，我原来一点肌肉都没有，然后现在（有肌肉了），这样的同期声也让受众直观地感受到学生在排练中的辛苦和进步，非常真实。

图9-3 记者吴琼在做现场报道画面截图

记者的现场报道也会让新闻更具现场感，例如，在2019年10月2日，新闻直播间播出的短新闻《上海进博会筹备现场 为祖国喝彩》（图9-3），整篇报道2分05秒没有一句画外音，全部采用了记者现场报道及采访同期声、现场同期声的形式进行报道，现场感强。在运用同期声的过程中要注意，解说词与同期声所说的内容要相互补充，不要重复，否则会给受众信息冗长、繁杂的感觉。

3.善于写人的故事

所有的新闻事件都是“人”的事情，人物往往能鲜活呈现新闻的主题和内容，也更易受人们的关注。多关注人的故事，会让新闻更有人情味儿，更能让受众产生情感上的共鸣。在写人的故事时，要以凸显新闻主题为目的，注重细节的描写。例如，2019年9月29日，新闻直播间播出的电视短新闻《盛典有我 快递小哥宋学文：美好生活就是现在》中，对快递小哥宋学文送快递的日常工作有这样一段描述：

1998年，16岁的宋学文从内蒙古赤峰老家来到京城闯荡，只有初中学历的他做过保安，干过物业，2012年开始他看好了快递行业的发展，成为一名快递小哥，之后的6年时间里，他送出了21.6万个包裹，总里程达到了三十二万四千多公里，足以绕地球八圈之多。凭借如此多的送单量和零差评的突出业绩，他在全国二百多万快递小哥中脱颖而出，成为首位获得全国五一劳动奖章的快递员……

这段文字将快递小哥宋学文的工作历程以讲故事的方式娓娓道来，用很多细节来呈现他的日常工作，给受众留下深刻的印象。

在写故事的过程中，不仅可以通过记者的笔去“写”故事，还可以通过被访者之口去“讲”故事。例如，在《盛典有我 快递小哥宋学文：美好生活就是现在》这篇报道中，通过对宋学文工作及生活的介绍，以点带面说到了整个社会中人们的生活状态，直接通过宋学文之口，将他在排练中的所见所闻以同期声的形式呈现出来，反映出各行各业中人们的幸福感和满足感。

4.避免格式化文体

电视新闻记者在撰写新闻稿件时，切记格式化文体，像会议新闻往往都是格式化的标题、格式化的导语、格式化的正文、格式化的结尾等等，容易让观众产生视听疲劳。在文稿写作中要采用多种新闻结构，写作方法要善于创新。例如，一般而言，电视短新闻播音员说完导语之后，马上接正文的配音，然后再接同期声。有时将同期声前移，放在导语后面，也会给人耳目一新的感觉。例如：《北京 走近国庆广场合唱团 上万次积累 只为“一拍”的精准》导语之后，正文解说词之前，用的是一段现场同期声，将受众快速带入场景中，让观众有一种身临其境的感觉，随后再出解说词及采访同期声，报道流畅、连贯。又比如，《走在群游方阵 那

一刻 我们一起走过天安门》在导语之后，先接一个采访同期声，而同期声的内容是王诗龙现场唱的几句歌词，“谋幸福，送温暖，日夜不忘老百姓的苦乐酸甜……”独特的开场形式会引发观众的收看兴趣及欲望，效果不错。

二、专题报道解说词写作

电视专题是对某一主题专门的报道，时间相对较长，是针对某一题材，较为全面、深度地进行报道。电视专题报道解说词，是对电视画面内容的文字解释和说明。专题报道的解说词是不能独立存在的，它必须与画面、文字、音响、音乐等电视符号完美结合，才能形成完整的专题片。

（一）专题报道的特点

1. 针对性强

一篇专题往往只针对一个事件或人物进行报道，并通过报道有针对性地对某一种社会现象进行深入挖掘。像电视人物专题报道，报道主角一定是一个典型代表性人物，通过对他生活、工作等方面的报道凸显人物个性，从而彰显出他身上的品格、精神，使观众受到启发。

2. 信息丰富

专题报道有丰富的背景材料及充实的主体内容，对事件的剖析十分细致、深刻，围绕报道主题追本溯源，从各个角度、各个层面进行报道，内容充实、信息量大。

3. 具有深度

专题报道追求的不是新闻的时效性，而是新闻的深度性，电视专题不浮于事物表面，而是透过现象分析其本质问题。它会围绕报道主题，对其不为人知的内容进行详尽报道，体现出深度性。

4. 引导舆论

电视新闻专题在报道中，通过对事物的深度报道和深入分析，呈现出最为全面、真实的一面，在潜移默化中影响着人们对事物的看法及态度，起到纠偏补正、引导社会舆论的作用。

5.形式多样

电视新闻专题的呈现形式没有固定形态，特别是解说词与现场同期声的运用更加密切，无论是诉诸视觉效果的图像、图片、字幕或是诉诸听觉效果的背景音乐、音响，都可以灵活运用到节目中。

（二）专题报道解说词的写作方法

与电视短新闻一样，电视专题报道具有可视性与可听性的特点，观众在看到视频画面的同时还会听到解说词配音，因此专题报道解说词的写作不能脱离画面。

根据题材的不同，新闻专题报道可以分为新闻事件专题报道、新闻人物专题报道、新闻调查专题报道等。不同类别的专题解说词，其写作也各有特点。

1.事件类专题

新闻事件专题报道是针对现实生活中具有典型性的新闻事件进行深度报道。例如，2018年3月22日，央视《今日说法》栏目播出的《"电梯劝烟案"始末》，针对2017年5月2日发生在河南的"劝烟猝死案"进行了专题报道，引发人们对吸烟问题的关注。事件类专题解说词写作要注意以下几点：

（1）主线明确、叙事清晰。专题报道解说词的写作首先要明确专题报道的主题及主线，这样才能做到叙事条理清晰，逻辑性强。

有学者针对事件专题写作提出："选题事件化，事件故事化，故事人物化。"围绕明确的主线进行叙述，更能凸显报道主题，深化内涵。例如，《"电梯劝烟案"始末》中，其报道以时间线为主线，对事件的起因、经过、结果进行梳理，并在叙述过程中针对人们关注的焦点话题进行分析，叙事清晰。

（2）补充画面、扩充信息。专题片画面提供的信息往往是不完整、不会面的，需要文字进行补充。还是以《"电梯劝烟案"始末》为例，劝烟事件的发生过程，电梯及小区的监控录像记录下了当时的部分画面，但由于监控没有声音，具体细节信息就离不开解说词的介绍。

（3）深度剖析、引导舆论。事件类专题在解说词写作中除了要将事件本身进行叙述，还要针对社会中人们对此事的看法进行分析，从而进一步剖析事件本身，给予受众全面客观的呈现，找到问题的症结所在，进而引导社会舆论。像"电梯劝烟案"发生后，法院的一审判决中提到"被告向原告赔偿15000元"，看到这一判决结果，不少人表示，虽然知道在公共场所吸烟不对，但今后自己不会去劝阻，反而选择沉默，因为劝阻之后可能会面临像案件被告人的情况。针对这一现象，解说词是这样写的：

一审判决经过媒体披露后激起了千层浪，甚至有人提出质疑，电梯里吸烟本身就是不文明行为，劝阻这样的行为却要承担法律责任，以后谁还敢跟不文明现象做斗争，还有人认为，一审判决好像兼顾了法理情，但从社会观感来看，却容易引发公众困惑。

该报道毫不避讳地提出了大家的质疑，并在报道中进行了深入的剖析，随后给出二审最终结果“杨帆完全不用为老人的猝死担责”，并再次落脚到公共场所吸烟该如何劝阻，及吸烟对身体的危害等，引发社会的关注和人们的思考。

2.人物类专题

新闻人物专题报道对象有的是社会普遍关注的焦点人物，也有不为人知的典型代表性人物。解说词要呈现出人物真实、感人的一面，引发人们情感上的共鸣，学习他们身上的精神品质。央视的《人物》栏目，在解说词的写作上堪称人物专题报道的教科书（图9-4）。

图9-4 《人物》栏目截图

（1）以事写人。事实是新闻的基础，要使人相信就必须拿出事实来，人物专题在刻画人物的时候离不开事件。正是通过一件件具体的事情，才能实现对人物性格、特点的呈现。例如，2019年8月23日播出的《为港珠澳大桥护航的振动控制专家》节目中，开篇对尹学军进行简单的人物介绍之后，马上“以事写人”，先写了2018年11月10日青岛地铁2号线施工现场，介绍其发明的隔震技术，随后提到了北京西直门交通枢纽工程，看似是在介绍我国轨道交通发展及隔震技术，其实是在为人物介绍作铺垫，随后，解说词很自然地由“留学经历”几个字过渡到对人物的背景介绍。例如：

【解说词】这是我国轨道交通领域首次使用钢弹簧隔振技术，其中，有些技术在世界上也是首次使用，对此评审专家们顾虑重重，而有着多年留学经历的尹学军却充满了信心。

改革开放初期，我国科技、教育还相对落后，为培养后备人才，国家公派几批留学生出国留学，成绩优异的尹学军便是其中之一。

【同期声】我们一年的奖学金相当于几百个农民一年的收入，所以一是非常珍惜，另外一直非常感恩。

【解说词】尹学军掌握了德国现代的机械设计方法，主持建造了柏林工业大学最大的试验台，高频滚动力学试验台，并深入研究了先进的震动控制技术，为了实现自己科技报国的初衷，在博士毕业后不久，他便选择了回国工作。

(2)讲好故事。好的电视新闻人物专题报道离不开情感表达，以情感人。可以通过对具体人物故事的叙述，呈现人物形象。解说词的写作要善于抓住人物身上的“好故事”，并能把“好故事”讲好。所谓“好故事”，就是那些能体现出人物品格与精神品质的人生经历和心路历程，例如，2019年9月5日播出的《中国首次北极科考队总领队 位梦华》中有这样一段：

【解说词】面对每走一步都存在危险的冰盖，科考队员们想出一个办法，用一根绳子将所有队员拴成一串，最有经验的人走在最前面，后面的人要严格按照他的脚印走，一旦有人掉下去，第一件事儿不是去救同伴，而是先要固定好自己的脚跟，再把同伴拽上来，否则就可能全军覆没。

【同期声】有一天我过一条裂缝，然后我一个脚踩下去，陷下去了，幸好我的左脚踩在一块固定得比较结实的冰上，没有掉下去，如果两只脚都下去就完了。

节目在报道位梦华及队员的北极科考这一事件中，就挖掘了很多人物身上亲身经历的故事。比如上文中提到的特别惊险的时刻，体现出了科考路上条件艰苦、危机四伏给他们带来的挑战，为接下来体现他们的精神品质，进而凸显报道主题做了铺垫。

通篇报道通过几个故事将人物形象刻画得淋漓尽致，一个是位梦华带领队友一路跋涉到达北极的故事，一个是位梦华给孩子科普科学知识的上课经历，还有在撰写文学作品中的故事等。正是一个个真实的故事，深深地吸引着受众，感动着受众，从而折射出他的人格魅力。

在故事的写作中，要注意画外音与同期声的结合运用，同期声的穿插使用会让整个故事更具现场感和真实感。例如，节目中通过位梦华之口说出，他们做这件事情不为名，不为利，就是发自内心想做的，让人们听了以后觉得更加真实，更加敬佩他们。到达北极之后，用同期声来给大家详细讲述当时的情形，位梦华是亲历者，自然更有发言权，直接用他的同期声来还原当时的情况，更具可信度。

因此，要把“好故事”讲好，必须充分运用画外音与同期声来搭建叙事结构。

(3)突出个性。人物专题报道要体现人物的个性化特征，不能千篇一律。体现人物个性，应从人物不同的经历、职业、背景等差异入手进行写作，通过细节描写展现出人物独特的内心世界。如《为港珠澳大桥护航的振动控制专家》中，就是通过隔振领域面临的一个个问题，见证尹学军永不止步的探索、研究精神；《中国首次北极科考队总领队 位梦华》中位梦华对中国科考及科普的执着打动人心；《大国工匠 杨峰》展现的则是一名生产工人的精湛技术是如何练就的，杨峰精益求精的大国工匠精神让人钦佩。有了个性化特征的体现，人物专题报道才有了灵魂。

3.调查类专题

电视新闻调查类专题报道是针对某一重大新闻事件，或人民群众普遍关注的社会问题、社会现象进行调查研究及深度报道，具有很明显的调查性。节目往往伴随着提出问题、现场求证、分析问题、解决问题几个环节不断推进，带领观众一步步揭露真相，其解说词的写作必须做到以下几点：

(1)实事求是、真实准确。调查类专题就是用深度调查研究去挖掘事件真相，那么真实、准确就是解说词写作的基本要求。写作过程中要把事实陈述清楚，客观呈现新闻内容，不能妄下推断。电视专题片稿件写作不能有丝毫的失实，只有真实的内容才能经得起时间的考验，更好地树立媒体的权威性和公信力。为了确保内容的真实、客观，记者必须深入新闻现场进行调查研究，例如，劳春燕在报道伊春空难时，历时半年的时间去调查事故的原因。柴静主持的《一只猫的非常死亡》专题报道中，记者围绕结果刨根问底，辗转多地就是为了找到新闻事件的当事人，给受众一个全面、客观的认识。像这样的案例比比皆是，每一次的专题报道，都是报道者挖掘事实真相的过程。

(2)逻辑严谨、揭露真相。调查类专题的叙事往往是由现象开始调查，追溯其原因和真相，记者首先要通过跟踪调查确定稿件写作的主线，可以按照事件的发展顺序，也可以按照调查的逻辑顺序。解说词必须具有很强的推理性，做到环环相扣。例如，《新闻调查》在2019年6月22日播出的《暗网》中，针对毒咖啡中添加了有毒有害非法添加剂的案件进行专题报道。调查发现，毒咖啡背后是一张蔓延全国的有毒有害食品制售网络，有毒有害原料为何在市场上肆意而行？毒咖啡一路闯关，是制度的缺位还是人为的放纵？报道紧紧围绕这些疑问展开。解说词的叙述逻辑性强，在讲到关键信息时，能直接根据存在的问题提出质疑，引发受众的关注，接着带领观众揭露事实真相。

案例 9.2

暗网

【解说词】基层食品安全监督执法者的感慨很现实，执法检查确实无法做到全方位全时空。事实上，张家界市市场监督管理局在扣押同乐玛卡脑咖啡后，曾委托广西梧州食药监部门，到生产厂家梧州健民保健饮料厂核查，但反馈的结果是，该企业为合法企业，未发现生产同乐玛卡脑的痕迹，明明违法生产了毒咖啡，但监管部门入场调查却找不到痕迹，这究竟是什么原因呢？

【同期声】钟健：就搜查，没有发现关于这个产品的东西。

记者：那你的那些原物料和产品都放哪了？

钟健：没有。

记者：怎么会没有呢？

钟健：加工、批次，每一次送过来加工完拿走，每一次送过来加工完拿走，按批次配给了原料。

记者：原料送过来到产品拉走，这个中间的生产周期多长？

钟健：不超过三天。

记者：所以他们来监测的这个时间段，只要不在你三天的生产周期里面，是发现不了任何证据的？

钟健：嗯。

【解说词】监管不能面面俱到，对于李桂和钟健这样的毒食品制造者来说，公然违法似乎也并没有太大压力。

【同期声】记者：你是不是自己也觉得抽检，自己被抽中的可能性。

李桂：有。

记者：但是也不大是吗？你心里面有没有心存侥幸的心理？

李桂：也有，因为这么多人做，连淘宝都天天在卖，我进来之前我还查得到，淘宝还有这些东西卖，我都感觉到问题不会很大。

记者：那万一检（查）到你的产品，你的这个他达拉非是随时可以被验出来的。

李桂：检测出来罚点款，几万块钱罚得起，谁知道是来这里，来这里谁都不敢做，我们不知道有这样严重。

【解说词】几万块钱罚得起，这是基于怎样的经历而得出的判断，究竟是什么助长了违法者对监管和法律的漠视，我们继续沿着毒咖啡出厂后流向市场，摆上连锁大药房的轨迹寻找答案。①

在《暗网》的这一片段中，不难看出，解说词除了陈述事实，还将事件中的矛盾、冲突点进行了梳理，根据缜密的分析推理，抛出了悬念和疑问，并带着疑问去调查进一步推进事件的发展。比如，第一段解说词中的"明明违法生产了毒咖啡，但监管部门入场调查却找不到痕迹，这究竟是什么原因呢？"这一句，带出了下文的调查过程。中间一段解说词则起到了承上启下的作用，将调查过程环环相扣，不断揭露真相。最后一段解说词同样是通过逻辑分析判断，找出了问题所在，提出了新的疑问，沿着线索继续调查。

(3)深化主题、发人深思。新闻调查类专题往往会在结尾给出最终的调查结果，并透过事物复杂的表面现象，揭示事物本质，从而起到深化主题的作用。还是以《暗网》为例，在调查最后，警方找到了毒咖啡中添加的有毒有害物质的生产作坊，按理说就节目开始的案件调查已告一段落，但就有毒有害物质的调查却远没有结束。结尾是这样写的：

截至本期节目播出时，慈利警方的侦破成果，已经扩大到了涉案企业20家，抓获犯罪嫌疑人近50名，但民警贺林和同事们却发现，案件似乎没有尽头，他们侦破的这个他达拉非非法生产窝点案，也是全国首个案例，但警方触碰到的这张暗网究竟有多大，边界在哪里，现在还没有答案。

用这样的方式结尾，再次引起社会的关注，也让人们进行反思。通过节目中的调查，我们会看到为大家食品药品安全保驾护航的人依然在努力。生产企业应该如何做良心企业，监察部门应该如何加强监管，作为消费者我们又该如何去辨识，意味深长。

此外，电视新闻专题报道解说词并不能独立完成对事件的全面报道，也不能脱离画面单独存在，更不能独立成章。其必须与电视画面及其他电视元素进行配合，才能最终呈现对事件的全面报道和对人物形象的塑造。解说词写作中要注意以下几点：解说词要做到为"看"而写，为"听"而写；解说词要做到尽量避免与人物同期声的重复；解说词语言要简洁明了，少写空话、套话；解说词要做到去书面化，多用易于理解的短句子；解说词不能写得太满，要合理穿插运用同期声；解说词中出现观点性论述，态度要鲜明，导向要正确。

① 文字根据央视《新闻调查》栏目播出节目《暗网》摘录(有删改)。

第二节　出镜记者现场报道

出镜记者最早出现于20世纪60年代的美国，我国的出镜记者比西方国家晚了近20年，虽然起步较晚，但发展迅猛。目前，出镜记者现场报道已经被越来越多的新闻从业人员所采用，备受观众喜爱。

在电视新闻节目当中，根据镜头前的呈现，出镜记者可以分为两种：一种是“现场报道出镜记者”，主要针对各类新闻事件，在现场进行镜头前的报道或直播连线报道；一种是“人物访谈出镜记者”，主要对专访人物进行面对面的采访。这里我们主要针对“现场报道出镜记者”如何进行现场报道进行详细介绍。

一、出镜记者现场报道的定义

现场报道是指新闻记者在新闻事件现场手持话筒面对镜头将新闻事件的发生、发展向观众做口头叙述，同时通过镜头展示现场动态和环境。出镜记者就是在新闻事件现场向大家准确报道新闻事实的记者。

出镜记者的现场报道，不再采用传统的新闻制作方式，将传统新闻制作的策划、拍摄、写稿、配音、后期剪辑环节，直接改为在现场对新闻进行报道，用镜头进行记录，大大缩短了新闻报道的制作时间。

二、出镜记者现场报道的特点

（一）现场感强

现场报道最大的特点就是记者“在现场”。现场报道过程中，观众不仅能听到记者说的话，还能看到记者的形象、肢体语言及周围的环境。现场收录的环境音、原生态的同期声及画面中呈现的各种细节，会带给观众强烈的现场感，仿佛自己身临其境一样。

（二）真实可信

现场报道中，记者的出现让新闻更具真实性，记者在现场将亲眼看到的、亲身感受到的及采访到的内容直接面对镜头叙述出来，同时，观众通过镜头还可以直观地看到现场的环境画面，听到现场的声音，信息真实可信。

(三)信息量大

现场报道过程中,出镜记者既是报道者又是旁观者,是最接近新闻现场的人,可以收集到大量一手资料信息。记者不仅可以通过采访、询问等方式去获取新闻信息,还可以通过各种感官如嗅觉、味觉、视觉、触觉等获取现场信息。例如,在2015年的天津港爆炸事件中,有这样一段现场报道:

那我就把我今天下午的这个感受去做一个梳理。在到达核心现场,也就是说最近大概隔一公里这个位置上,因为当时的风向是和我们身边擦肩而过的,所以其实浓烟是从我身旁大概50米的地方过去,那么在这个时候是闻不到现场有任何的爆炸或者燃烧之后的味道,但是当我爬到海关大楼上的时候,风向发生了变化,非常清晰地能够闻到,而且直到现在其实会觉得自己的鼻腔或者说自己说话的时候,自己的嗓子会有一点小小的刺激性,因为这毕竟是一个堆放化学品的仓库。

出镜记者利用全感式的现场报道给观众提供了生动形象的信息,极具现场感和代入感。同时还将正在发生的、此时此刻的新情况也传达给观众,信息量大。

(四)参与感强

出镜记者在做现场报道的过程中,可以高度融入现场,自己就是现场的一员,甚至是新闻事件的目击者,在现场有很强的参与感。记者的现场报道也给观众强烈的代入感,观众会跟随记者的脚步和镜头一步步深入现场,就像自己在新闻事件当中一样。

三、出镜记者现场报道的方法

虽然现场报道是以出镜记者口头叙述的形式呈现,但在采编过程中需要做大量的前期准备工作,特别是对新闻信息的采集和采访。出镜记者在现场报道时的语言组织至关重要,现场报道离不开以下几方面的工作:

(一)到达现场,确定主题

现场报道最重要的一点就是要到达新闻事件现场,在现场通过观察了解发现有价值的新闻点,确定自己的报道主题。例如,汶川地震期间,张泉灵在通往汶川的213国道的一段现场报道中,敏锐地发现“打通道路”这一新闻点,一开始就明确了报道的主题：

在通往汶川的各种交通方式当中呢，大家最希望陆路赶紧通，因为这样可以运送过去更多的人和物资，那么通往汶川有四条陆路，最希望快点打通的就是成都接都江堰通往汶川的213国道，因为更多的人员和物资是聚集在了成都这样一个方向……

事实证明，这一新闻点确实是当时大家最为关注的。

(二)收集资料，完成采访

有了明确的报道方向，就要围绕主题大量收集新闻资料，资料的收集要全面，记者要通过观察，将自己看到的、听到的、感受到的记下来，还要与现场当事人或目击者进行沟通交流，询问与新闻事件相关的信息。张泉灵在通往汶川的213国道的现场报道中就很好地体现了这一点，例如，说到整个塌方的面积"一万方的土量"，现场的地理位置、救援情况等都需要在现场进行信息收集，并通过对施工人员进行采访才能获取到。

(三)理清思路，组织语言

获取到全面、详细的信息后，结合报道主题梳理出报道的框架，并理清报道思路，将与报道主题有关的信息进行梳理，无关的信息敢于大胆舍弃。在组织语言的过程中，可以先将报道的思路用文字列个大纲，做到心中有数。

(四)抓住细节，生动形象

在现场报道的过程中，一定要善于抓住细节，细节会让报道更加充实，对报道中一些较为抽象的事物善于运用比喻的手法，具体地呈现给受众。

四、出镜记者现场报道新闻采编

根据报道的形式，现场报道大致可分为两种，一种是录播，将现场报道录制以后，经过后期制作再播出，这种现场报道通常可以做充分的前期准备工作，录制效果不理想还可以进行重录。另一种是演播室直播连线报道，是指在节目直播过程中，进行现场报道的连线，如果出现失误是很难弥补的，对出镜记者的专业要求更高，我们在下一节中将对直播报道进行介绍。

出镜记者不仅承担着面对镜头进行现场报道的工作，还要完成整个新闻的采编工作，包括背景信息收集、现场信息收集、现场出镜报道、同期声采集、新闻稿件撰写几个方面。

（一）背景信息的收集

现场报道中记者需要第一时间就来到新闻现场进行信息采集，信息收集包括了背景资料收集和现场信息收集两部分，背景资料的收集对新闻主题的确定有着至关重要的作用，只有掌握了充分的背景资料，才能把握报道的核心。

背景资料的收集不能弱化，特别是时政新闻的现场报道离不开背景信息的支撑，只有全面把握背景信息，才能准确捕捉报道核心，做到脉络清晰。

（二）现场信息的收集

现场信息的收集要围绕新闻事件发生的时间、地点、人物，起因、经过、结果等要素展开，在这里需要格外注意的是，一定要确保信息的真实性，要想获得权威的信息，就必须进行各方求证，千万不能凭感觉去判断。在对人物的信息收集中，除了要对当事人进行沟通采访，还要多去关注与事件相关的目击者、相关人员、普通市民等。在报道过程中不要出现"可能""也许""好像"等模糊不清的说法。

（三）现场报道录制

出镜记者的现场报道必须要快速、准确完成，有些现场是转瞬即逝的，出镜记者要根据报道主题判断最佳的现场报道时间和地点，将新闻的现场感体现出来。例如，2018年9月，中央电视台中文国际频道播出的《记者体验广深港高铁"动感号"》中，有这样一段现场报道：

广深港高铁通车在即，现在动感号列车正在做最后的准备工作，我今天乘坐的动感号列车是从广州南站前往香港的西九龙站。现在列车的运行时速大概是300公里每小时，但是列车的运行依然是非常平稳，我们来看看车的内饰，座椅的颜色呢，是非常鲜艳的，就像动感号的名字一样，体现了年轻、朝气、有活力的感觉。同时呢，列车车厢都实现了Wi-Fi的全覆盖，刚刚我也是发了微信刷朋友圈，感受到网速还是非常流畅，此外在每一个座椅下方呢，都有电源的插头，同时提供内地的规格以及香港的规格。在7号车厢呢还有两个轮椅专用的座椅区域，在这个位置，此外呢，七号车厢的洗手间还提供了无障碍的设施。

出镜记者宋达选择在列车上进行现场报道，用自己的亲身体验告诉大家动感号的具体情况，受众会有一种身临其境的感觉（图9–5）。

图9–5　记者宋达做现场报道画面截图

（四）同期声的采集

一般情况下，记者的采访一直伴随始终，记者要通过不停提问来获取自己想要的信息，在这一过程中就要清楚需要录制的同期声有哪些，哪些关键性人物需要进行同期声的采集等等，出镜记者就要有针对性地提出问题，这也涉及前面章节所提到的提问方式及技巧。在现场的同期声采集中，要坚持宁多勿少的原则，先进行广泛的采访，写稿过程中再进行选择。

（五）新闻稿件的撰写

出镜记者现场报道新闻稿件的写作，是在完成所有现场录制后进行的，结合所拍摄画面进行写作的同时，要注意稿件写作与现场报道及同期声不要出现信息重复。以《记者体验广深港高铁“动感号”》为例，整个稿件的写作非常流畅，口播、配音、现场报道及同期声的处理条理清晰，无重复。

【口播】广深港高铁全线将于明天正式开通运营，“动感号”高铁列车长什么样子，提供了哪些服务设施，让我们提前跟随记者镜头去看一下。

【配音】“动感号”车身以银色为底色，白色及红色波浪为装饰。列车头尾两侧的橙色弧形花纹十分醒目，设计富有创意，“动感号”寓意香港是动感之都，香港人和社会经济充满活力。

【现场报道】央视记者 宋达：广深港高铁通车在即，现在动感号列车正在做最后的准备工作，我今天乘坐的动感号列车是从广州南站前往香港的西九龙站。现在列车的运行时速大概是300公里每小时，但是列车的运行依然是非常平稳，我们来看看车的内饰，座椅的颜色呢，是非常鲜艳的，就像动感号的名字一样，体现了年轻、朝气、有活力的感觉。

【配音】动感号列车共有八节车厢，可提供579个座位。其中第一节和第八节车厢为一等座车厢，共有68个座位，第二节至第七节为二等座车厢，车厢座椅和地板印有玫瑰花纹，色调温馨浪漫，部分座位配有脚踏板，独立阅读灯，耳机接口等，座椅可旋转180度，车内还设有自动饮水机，母婴护理台，大型行李摆放架等设施。据了解，广深港高铁首批香港司机中将有三名90后高铁女司机。

【同期声】中铁电气化局广深港高铁段项目党工委书记 白雪健：广深港高铁的舒适性肯定是非常棒的，包括它的内饰、视觉环境和体感环境都是非常好的，给人的感觉瞬间就年轻了，你也看到了，这个颜色鲜艳，这个比较靓丽，还有一些提供的一些服务设施比较完善、人性化，给人的心情特别舒畅。①

文稿的撰写依然要发挥好导语、正文等的作用，画外音与同期声要衔接到位、相互补充，过渡要自然、流畅，例如，在现场报道的最后一句提到了“七号车厢”，接下来的正文中紧接着介绍了动感号列车的车厢及座位情况，行文连贯。

第三节　直播报道

这里提到的直播报道主要指电视新闻直播报道，在媒介融合发展的今天，准确地讲应是视频新闻直播报道，指在新闻事件发生、发展的同时，把现场的声音、图像以及记者的口头报道、播音员的解说等直接同步播出的一种传播方式。当前，我国的直播报道已做到了一次制作，多屏分发，各类重大事件、突发事件中，直播报道已成为常态。

直播报道是最具电视传播优势的新闻节目形态。它具有现场同步播出新闻的独特优势，最大限度体现新闻的时效性和现场感，对正在发生的新闻事件进行实况报道。真正的直播报道必须做到演播室直播+直播连线+现场直播，直播报道中也可以穿插录制好的内容，但必须要有演播室、有现场、有连线。

① 案例选入时文字有删改。

一、直播报道的类型

直播报道形式多样化，内容丰富，针对其节目形态及播出内容的不同，直播报道分为以下两种类型。

（一）预见性新闻事件的现场直播报道

预见性新闻现场直播可以进行充分的准备工作，对所报道内容提前策划，直播报道中涉及的记者现场连线、节目片花、演播室嘉宾现场互动等各环节任务较为明确，现场报道的主线也很清晰。如奥运会开幕式现场直播报道、体育赛事现场直播报道、春节联欢晚会现场直播报道等都属于预见性新闻事件的现场直播报道。如2019年10月1日，中央电视台综合频道对国庆70周年大阅兵进行了70小时的不间断直播报道，新闻报道全部采用了出镜记者直播连线的方式，引起社会的广泛关注。

（二）突发性新闻事件的现场直播报道

所谓突发性新闻事件是指毫无征兆、突然发生的不受人为控制的、出乎人们意料的新闻事件，具有突发性、不可预见性、无法抗拒且不受控等特点。自然灾害、事故灾难、公共卫生事件、社会安全事件等都属于突发性新闻事件。这类新闻事件在直播报道中，时刻牵动人心，社会影响力大。例如，2001年9月11日的“9.11”事件，是对全球媒体应对突发新闻直播报道的考验。我国2003年的“非典”事件，2008年汶川地震等，都属于突发性新闻事件。

二、预见性新闻直播报道采编

预见性新闻直播报道中，出镜记者对所要报道的事件会有预判，可以进行大量的前期准备工作，但依然不能做到百分之百的按照既定内容进行直播，新闻的战场永远是在现场，现场会有各种不确定性因素的发生，因此掌握其直播报道特点及制作方法，才能在现场随机应变，确保直播报道的顺利完成。

（一）预见性新闻直播报道的特点

首先，新闻直播报道的主题非常明确。预见性新闻事件在直播报道前对事件的发展过程非常清楚，可以针对整个事件做大量的前期准备工作，在直播开始之前确定报道主题，围绕报道主题确定直播报道的现场连线内容，有助于记者做好充分准备。

其次，新闻直播报道与新闻事件发展同步。直播报道最大的特点就是与现场同步，这也是直播报道的一大优势。例如，在国庆阅兵特别报道中，上午的9点26分，演播室主播也直接说道：

那现在呢时间已经来到了早上的9点26分，大家非常关心此刻的这个天安门广场、长安街准备的情况怎么样，我们知道这个群众的游行队伍有十万人，人数非常多，包括这个彩车也是一个一个的庞然大物，他们集结的这个过程是否一切顺利呢，接下来马上就来连线一下前方的记者何畅。

图9-6　记者何畅与演播室进行直播报道画面截图

随后，在直播连线画面中，我们看到前方记者何畅正在指挥部的监控屏幕前，屏幕上显示的时间也刚好是9点27分，所报道的现场情况也都是最新的同步动态，直播报道的同步性，让受众在心理上与新闻事件产生一种密切的联系（图9-6）。

最后，演播室与现场报道并驾齐驱。在预见性新闻直播报道中，演播室内主播所说的串联词都是经过事先准备的，直播连线中，何时进行连线由演播室把控，包括主播所提的问题，都可以事先跟现场记者进行沟通，但具体信息的呈现离不开现场的直播报道，现场永远是最吸引受众的。因此，预见性新闻事件直播报道虽然是“打有准备的仗”，但不能忽略了现场，而将重心完全放在演播室。

(二)预见性新闻直播报道的制作

首先,根据事件的发展过程及活动流程安排,制订详细的直播报道方案。所有预见性新闻报道,在直播报道前都会制订相应的报道方案,提前确定报道主题,进行板块设置,对演播室及现场各环节进行策划。在策划过程中,要把握住直播报道的节奏,根据不同时间节点对事件的进展情况进行直播报道。以国庆70周年阅兵直播报道为例,阅兵式正式开始的时间是10点整,新闻直播间从8点开始就对阅兵式进行了实况直播报道,一开始的直播连线报道是从空中开始的,记者坐在直升机中俯瞰北京天安门广场进行了报道,现场报道与直播画面完美结合,使受众对整个天安门广场的情况有了全方位的了解。而这一直播报道的视角一定是经过精心策划的,否则很难在现场做到临时登机报道(图9-7)。

图9-7　记者何盈与演播室进行直播报道画面截图

同样,记者刚强在直播连线中有两次直播报道,一次是8点多钟,一次是9点多钟,所处的位置都是天安门城楼。第一次的直播报道就天安门城楼的装扮、现场的入场情况及活动流程进行了介绍,第二次的直播报道中给大家提供了更多观礼嘉宾的细节和现场座无虚席的盛况。设计这两次直播报道就是想通过前后的对比,体现阅兵式前的各项工作的井然有序,也预示着大家都已做好充分的准备,迎接阅兵式的开始。不难看出,无论是在连线报道时间还是地点上的安排,都进行了精心的设计。

其次,大量收集资料,做好充分的前期准备。预见性新闻直播报道有充足的准备时间,特别是对于新闻背景资料的收集,这些信息会让报道更加完整。国庆70周年直播报道特别节目中,在9点27分的连线报道对群众游行准备工作进行了直播连线报道，连线当中提到“此时此刻，整个10万的群众游行，全部集结完毕了”，主播在演播室说道“参加游行的人员到底是一个什么样的构成？他们会用什么样的方式走过长安街，群众游行都有哪些亮点和特点呢，接下来继续为您剧透。”随后，通过一段视频资料对群众游行的亮点进行了介绍，这段视频是在直播报道前就完成的，也属于前期准备工作的一部分，有了这些视频资料的切入，直播报道才会更加精彩。

最后，提前撰写报道大纲，随机应变。记者要根据所收集资料梳理出关键信息，作为与演播室连线的重要内容，结合报道内容将演播室内主持人所要说的文稿撰写出来，使演播室起到很好的串联作用。现场报道也要提前撰写大纲，对相关背景信息要做到心中有数，但也要学会随机应变，积极应对突发情况。

三、突发性新闻直播报道采编

（一）突发性新闻直播报道的特点

1.直播报道的准备时间较短

突发性新闻事件具有不可预见性，其直播报道一般几分钟之后就会开始，也就意味着记者在赶往事发现场的那一刻，现场报道的准备工作就已经开始。例如，2001年的“9.11”恐怖袭击事件发生后仅仅9分钟，日本朝日电视台晚间新闻《新闻站》就开始对事件进行报道，NHK在《新闻10钟》节目中现场直播了第二架飞机撞击世贸大厦的场景。

2.直播报道的“主战场”是现场

突发事件的直播报道想要开始很容易，但要持续地播下去必须得有内容，演播室能给的信息是非常有限的，要想有内容播出，必须靠现场，现场的一切动态都是人们关注的焦点，没有现场的直播报道无疑是失败的。例如，在汶川地震发生后，央视记者还来不及赶到现场，央视第一时间联系地方电视台，成都、德阳、绵阳、绵竹等当地电视台记者以及湖南、重庆等周边省市的电视台共有十几家联合作战，进行了24小时不间断直播报道。与此同时，央视分批派出各路记者赶往灾区，要求记者对现场“能靠近多少，就靠近多少”。

3.新闻事件的发展不可预测

由于突发性新闻的直播报道都是最新的动态，是无法预测的，在直播中就要根据现场情况研判各种可能，不管结果是什么都要掌控全局。例如，在汶川地震救援中，记者对正在紧张救援的现场进行直播报道时，下一秒会发生什么？下一次的余震又在什么时候来临？没有人能预先知道。记者身处事件现场，要冷静应对，根据现场动态做好充分的心理准备及报道准备。

（二）突发性新闻直播报道的制作

1.第一时间赶赴现场

重大突发事件一旦发生，媒体需要考虑的第一件事就是如何让记者快速到达现场，将“第一现场”“第一报道”传达给受众，让大家清楚地知道发生了什么？现在正在发生什么？谁抢占了第一时间、第一现场，谁就拥有了报道权。以央视为例，2001年的“9.11”事件中，央视对现场报道的缺失就是一次惨痛的教训，2003年的伊拉克战争，在前期的直播报道中，央视吸取了之前的教训，大量的现场直播报道使其媒体影响力不断攀升，但在战争真正打响后，凤凰卫视却凭借“战地玫瑰”的现场报道扭转乾坤，而失去现场阵地的央视也错失了直播报道的最佳时机。2008年汶川地震发生后，央视的报道思路是“跟着事实走”，直播是第一位的，先让人到达现场，再考虑播什么。

2.快速收集现场资料，随时做好直播准备

网络时代，面对突发事件，信息发布者参差不齐，信息的传播速度快、范围广，一旦有谣言产生，很容易引发不良后果。此时，媒体的及时报道、权威信息的发布就显得至关重要。记者在到达突发性新闻事件现场的那一刻也就意味着直播的开始，记者在资料收集的过程中要快速、敏锐地发现新闻点，抓住重点，将现场最有价值的信息通过直播报道传递出去。如汶川地震发生后，受地震影响，震中通信中断、道路中断，大家的内心是焦急的、恐慌的、不安的，记者到达现场后，除了对现场灾情进行报道，最关注的就是“人”，此时此刻，人的生命高于一切。直播报道中如果需要采访，事先要跟被访者做好沟通，有针对性地提出问题，确保直播报道顺利进行。

突发事件的直播报道一般都是以直播连线的方式呈现，也只有现场报道能做到同步直播报道，有关现场报道的相关知识我们在上一节中已经提到。

3.在动态信息中捕捉新闻事件发展趋势

突发事件越重大，其直播报道持续时间越长，如何在事件的动态发展中准确把握其未来发展趋势就显得至关重要。首先要关注细节，细节中往往承载着事

物发展的趋势，例如，2015年天津港“8.12”特别重大火灾爆炸事故直播报道中，记者蒋林非常善于关注细节和事件的发展动态。比如，他先说到了视觉上直观看到的火场着火点烟的情况，通过烟的颜色判断存在的隐患：那么现在最让我们担心的，就是可能会冒出白烟的这样的起火点，因为这样的起火点，冒出白烟的这样的物质可能它的毒性会相对较高，这也是我们的防化团来到现场最需要去监测的一个非常重要的任务，马上又介绍了当前防化团的工作及目前的监测结果：是在火场下风向大概500米的位置上，没有检测出氰化物，这也是之前这个化学品仓库当中可以收储的最为剧毒的一种物质。最后也告诉大家他们会24小时值守，对现场的情况进行实时关注。整个直播报道逻辑性强，并不断在事件动态发展中捕捉到新的报道点。

总体来说，突发性新闻事件的直播报道考验着媒体及媒体人的快速反应能力及专业的现场报道能力。

本章小结

在内容为王的媒体时代，视频媒体应更加重视内容的生产制作。本章围绕电视新闻报道的采编进行了详细阐述，媒体工作者必须全面掌握电视新闻采编的全过程，熟练运用采访报道中的方法和技巧，不断提升新闻报道的质量，塑造良好的媒体形象。媒体记者在掌握新闻采访、写作能力的基础上，还要训练自己作为出镜记者在镜头前传达信息的能力，不断提升自身在新闻报道中的价值，成为融媒体时代的全能型记者。作为视频媒体，也应充分发挥新闻报道者的多种功能，使报道形式更加多元化，努力扩大媒体影响力，打造权威媒体。

第十章

自媒体新闻采编

本章引言

伴随着互联网发展和通信技术的发展，新闻传播已经进入交互传播时代，传播形式发生了翻天覆地的变化。传统新闻报道的“传者-受者”单向传播路径正在被交互式传播形式替代。受传双方角色已经互换：受者借由网络可以随时发布信息，原来的传者反而成为信息接收方。自媒体传播正逐渐代替传统报纸、电视、广播成为新闻传播的一大趋势。

第一节　微信新闻采编

一、立体化的新闻呈现形式

微信新闻稿与传统媒体新闻稿不同之处在于呈现形式的多样化。传统媒体新闻稿的信息呈现形式是单一的，报纸新闻通过文字呈现，电视新闻通过声音、图像呈现，广播新闻通过声音呈现，而微信新闻稿的呈现形式涵盖了文字、图片、音频、视频、动画等，这种多媒体形式的新闻报道可以从多个角度、立体地构筑事实真相，让新闻报道变得更生动，富有人情味，从而满足受众多方面的需求。受众既可以阅读文字，观看图片，也可以点击观看相关视频，或者点击观看专门制作的动画。

案例 10.1

女网友跑车遮牌占道直播，交警：玩得开心吗？

日前，在深圳市中心的一条主干路上，一名女子站在一辆奔驰敞篷跑车内玩直播，并在抖音上发布视频。

2019年2月13日傍晚，深圳交警微博曝光这一视频，并喊话："玩得开心吗"。当晚11时许，深圳交警再次通过微博表示，已对违章车主进行处理。[①]

这是"澎湃新闻"微信公众号2019年2月发布的一则报道，这则微信新闻报道了在深圳市中心的一条主干路上，一名女子站在一辆奔驰敞篷跑车内玩直播，并在抖音上发布视频。传统报纸新闻报道这个事实，是用文字来报道对交警和当事人的采访。

澎湃新闻的这则微信报道在开头简单用文字交代了新闻事件，而将主要的新闻内容放在了19秒的视频里，整则新闻报道呈现形式由文字+19秒的视频构成，能够满足受众眼、耳的立体体验。不方便观看视频的受众可以阅读文字，条件允许就文字、视频一起阅读，无论哪种阅读选择，都不会影响受众对新闻报道的理解。

① 案例选入时文字有删改。

二、微信新闻稿采编

一篇新闻稿的优劣，往往体现在选题、采访、写作、包装四个环节。

（一）选题

选题好不好，能不能吸引更多的关注，是决定新闻报道是否能形成广泛传播的基础。有吸引力的选题通常由以下要素构成。

1.时效性

狭义的时效性指新闻发生的时间距离该新闻被报道的时间的长短。广义时效性是指作者是否最早获取线索，最早进行价值判断，以及最早介入采访、写作和传播。特别是在移动互联网占据主流传播阵地的今天，出版周期已经从月、日、时加速为秒，这让选题的时效性变得更为重要。

2.地点的显著性

地点的显著性指新闻发生地的知名度大小。同样的新闻，发生在不同的地方，传播效果会大相径庭。一般规律是：首都 > 省会 > 地级市 > 县城。新闻发生地越是显著，受关注度越高。

3.接近性

选题所关注的事件越是接近市民普通生活，受关注度越高。例如报道水电气费涨价的关注度就高于报道提醒市民缴纳水电气费的关注度。

4.冲突性

冲突越激烈，越吸引眼球。冲突包括人与人的冲突（如吵架），国家之间的冲突（如战争）等，也包括人与环境的冲突（如破坏林地），环境与环境的冲突（如沙漠侵蚀绿洲），以及不同观点、价值观之间的冲突等。

2019年2月15日环球时报的微信公众号报道了中国火箭军开通官方微博的新闻《中国"最强快递"上线了》，获得了很高的点击量。原因就是中国火箭军是严肃的，而微信新闻传播的文字是活泼的，这一强烈反差就足够吸引受众。

2018年12月3日《人民日报》刊发的《他们正以每天48小时的速度老去！》，报道了西藏军区某边防团的年轻战士因为在高海拔地区守护祖国边疆，手、耳冻伤，衰老增快的事，也因为巨大的对比反差在读者心中产生了强烈的冲突，点击率很高。

5.人情味

选题中有关情感元素的多少，能不能换来读者的共鸣，是影响关注度的重要因素，特别是涉及老人、儿童及其他弱势群体的选题，关注度通常很高。

“红黄蓝幼儿园虐童”事件之所以引起全社会关注，其中很重要的原因是新闻的主角是未成年人，而涉事女教师的做法严重违背人性。

6.名人效应

选题涉及的主人公知名度越高，传播效果越好。普通人生老病死就是普通事，如名人去世、明星生孩子都会引发高关注度。

7.神秘性

未知比已知易传播。选题中的科技含量或神秘效应，是一个报道成功的重要元素。

马航MH370失联事件，至今都仍然保持有高关注度的原因，就是这个事件里面还有太多的未解之谜。

8.趣味性

选题符合“悦读”的特性，可以让读者轻松接受，并形成谈资，所以利于传播。

9.差距与情绪

这是自媒体和媒体寻找选题时特别需要注意的一点。为什么很多选题看似不起眼，却能在网上，特别是在微信上形成刷屏效应？因为它代表了一种情绪（比如民族情绪等）。情绪的背后，则是社会现状在网络上的深刻反映。

2016年春节，一条关于“上海女孩与男友为何分手”的帖子刷爆朋友圈。事件是从某贴吧传出，讲述了一位出身小康家庭的上海女孩跟随江西男友回农村过年，最终分手的故事。

女孩在文中称：自己谈了一个外地男朋友，快一年了。“人工作能力蛮强，卖相是我喜欢的那种，但是因为没有家底，估计两年内没钱买房。”但在男友的再三要求下，她随男友到老家过年。

但“不去不知道，一去吓一跳”。在昏暗的灯光下，四五个颜色灰黑的菜让人难以下咽。当晚，上海女孩便打电话给父亲，让堂哥开车去接她，并表示坚决与男友分手。“（农村生活）比我想象的要差一百倍，我接受不了。”

尽管此事最终被定为“假消息”，但其传达的却是一种真实的情绪。这也正如《人民日报》所评论：春节返乡团圆，是对农村出身与社会关系的再次确认；而那位女孩的连夜出走，也正是对这种社会关系的拒绝。农村大学生在改变个体命运之后,还需要完成社会身份与社会关系的重建。而后者,是一个更加沉重的任务。①

(二)标题要吸引人

囤了120只避孕套,我就怀孕了|现代人尴尬囤货实录

早就忘了前女友,但你的网购记录还记得

“千克”瘦了,今天重新定义 会不会影响你买菜

第一、二两条标题是中国新闻周刊为2018年“双十一”做的新闻报道的标题。第一条新闻是报道人们在“双十一”期间大量囤货导致的尴尬事,在标题制作上选择落脚在计生用品,而且用的是叙述式口吻,能够让受众有代入感,产生共鸣。

第二条新闻是从2018年“双十一”10周年角度报道的。标题以总结式口吻,落脚点放在网购用户十年回顾,且以情感为切入点,也吸引受众。

第三条新闻报道的内容其实属于科普类新闻报道,是关于日常生活中计量单位千克变化的事。这条新闻的标题将千克拟人化,并且从市民日常生活“买菜”这一平常而又重要的角度入手,很好地抓住了受众的眼球。

1.标题要符合融媒体特征

任何媒体的新闻报道在标题制作上都有一些共性,也就是基本的要求:

一语破的——点出新闻的核心价值;

一目了然——受众一看就基本明白;

一见钟情——新颖、奇特、有趣;

变化多端——如结构较为复杂的多行题。

具体见第七章《新闻稿采写》第二节相关内容。

2.标题制作技巧

▲避免晦涩,尽量口语化

原:极寒天气袭美

改:美国冻得不轻 气温低过火星

原:我喜欢这个冷酷直白的商业社会

改:能用钱解决的,千万不要欠人情

▲提炼对比,增强冲突感

① 吴晨光.自媒体之道[M].北京:中国人民大学出版社,2018:6~8.

原:北京到底有多热?来自非洲的兄弟都中暑和晒黑了
改:避暑变中暑 非洲兄弟在天安门广场被晒晕
原:"饿了么"黑店被查封现场
改:"饿了么"黑店被查现场 看完瞬间不饿了
原:男子去参加朋友婚礼 自己却哭着被迫做了新郎
改:笑着参加婚礼 哭着当了新郎 实拍小伙悲摧经历
▲简洁明了,句式多样
原:人民大会堂,两院士获国家最高殊荣
改:炸药王+艾滋防治大师=2017国家最高科学技术奖
原:捕鸟者说 千年鸟道上的终结者
改:湖南:鸟在飞 枪在响 钞票漫天降
▲挖掘亮点,别藏在文中
原:郑念:哪怕风雨摧残,我也有自己的精神和讲究
改:中年丧夫,50岁蒙冤入狱,女儿被活活打死,她是中国最后的贵族女人……
▲直接引语,生动又有力
原:男子报警 竟要求火车等他20分钟
改:"110吗?你们通知一下火车,等我20分钟"
▲善用谐音,巧妙表达
原:洪秀柱留下了什么?
改:洪秀柱的主席岁月:"洪"图未展 一"柱"难支
▲借用辨识度稿的影视作品、歌曲、诗句
原:东北有多冷?楼房漏水筑成10米冰瀑
改:视频|遥看瀑布挂前窗:东北楼房漏水筑成10米冰柱
▲利用对仗,增加诗意韵律感
原:辜负了三颗星的七上将
改:七上将相继落马 三颗星黯然无光
原:钱钟书妻子杨绛辞世
改:人间已无"女先生" 天堂再会"我们仨"
▲学会蹭热度,套用网络用语
原:2017国家科学技术奖揭晓
改:国家最高科技奖出炉 为老爷爷们打CALL
原:南京暴雨致法庭被淹 法官水中开庭

改：现场|“没有什么能阻挡 我对正义的向往”①

（三）多媒体立体化组合形式

微信新闻稿的立体组合形式是多样的，可以采用类似传统报纸新闻的写作方法，即由严格的逻辑结构层次以及规范的段落层次组成，以文字为主，音视频仅仅起补充说明作用；也可以采用以音视频为主，文字仅仅起简单说明作用。

第二节 微博新闻采编

一、微博新闻传播特点

依托互联网技术，微博在新闻的传播速度和传播方式上更加快速、便捷、多元化，搭建了人人可参与的新闻报道平台，其社会影响力不容小觑，随着各大主流媒体的陆续入驻，微博已成为新闻报道的又一重要阵地。相较于传统媒体的新闻报道，微博的传播符号更加多元化，且新闻发布具有操作简单、传播快速、互动性强等特点。针对这些特点，我们应正确认识微博、使用微博，进一步深化传统媒体与新媒体的融合发展，不断提升新闻传播的影响力。

微博平台的新闻发布者可以是媒体也可以是个人，作为媒体在发布新闻时有一系列采编、制作的规范要求，而个人在发布新闻时门槛较低，相对自由。总体来说，微博新闻呈现出以下特点：

（一）微博新闻时效性强

微博新闻的发布字数都比较少，甚至三言两语就可以把一件事情说清楚、说明白，对新闻写作的格式没有过多限定，发布者不需要按照传统媒体新闻采编的流程去制作新闻，大大节约了时间。微博信息的更新速度极快，几分钟甚至几秒钟就可以呈现最新的新闻动态，人们获取新闻的效率大大提高。例如，2011年3月11日13时48分，凤凰卫视驻东京记者李淼在微博上发布消息：“东京又地震了！不是狼来了！”此时距离地震发生仅2分钟，短短的一句博文将事件要素阐

① 吴晨光．自媒体之道［M］．北京：中国人民大学出版社，2018：31~35.

述清楚，成为最早向国内网民通报日本地震的新闻。[①]

（二）人人都能成为新闻的发布者

面对正在发生的新闻，传统媒体记者往往不能第一时间出现在新闻事件现场，而此时正在现场的个人作为事件的参与者或见证者，往往可以获得第一手的资料，通过微博随时随地发布消息。新闻发布过程中，平台粉丝第一时间可以看到并进行转发，同时还可以@任何微博平台进行传播，其裂变式传播速度十分迅速。

（三）微博新闻涉及领域广泛

微博新闻内容涉及社会、国际、科技、财经、娱乐等40多个领域，还专门开设了辟谣板块，内容精细化分类，吸引了众多粉丝有针对性地关注各类微博号，培养了大批忠实粉丝。当有重要新闻、突发新闻报道时，每一个微博用户都可以对其进行评论和传播。同时，随着各大官媒和主流媒体的入驻，各企事业单位、机构组织也纷纷加入微博阵营，这也让微博新闻迅速发展起来。

（四）互动性强

在微博平台，受众在接收新闻信息过程中的参与性、互动性更强。微博作为新的传播媒介，新闻信息的传者和受者都是平台用户，他们可以通过各种形式进行双向、甚至多向互动。微博平台的@、收藏、转发、评论、点赞、话题等功能，一方面让各路媒体交织成一张巨大的信息网，另一方面媒体和受众可以进行实时互动，强化了受众的参与感，方便了受众与媒介的沟通交流。

二、微博新闻采编

互联网时代，新闻的更迭十分迅速，在选择报道主题时，一定要把握当前重要新闻、热点话题。例如，每年春节期间微博新闻的主题一定是围绕春节慰问、春运、春节传统文化等与节日密切相关的话题进行报道。而春节联欢晚会开始前，微博新闻的热点一定跟春晚分不开，有网友趣称：春晚 + 微博，铁打的标配，流水的热搜。

---

① 靳文涛、许程程.国际突发事件报道的新模式——凤凰卫视如何利用微博报道日本地震[J].新闻爱好者，2011(23)：17.

在微博平台，不同媒体微博都有自己的定位和侧重，例如人民日报微博以社会新闻为主，央视新闻微博是央视重大新闻、突发事件、重点报道的首发平台。微博新闻在选题时也应侧重媒体的特点，有利于形成媒体品牌。

（一）新闻标题要凸显主题

报纸、电视等传统媒体在制作标题时可以采用分行的形式，标题越详细传递的信息越多，微博新闻受字数限制，标题一定要简短，要用最少的字说明新闻的核心内容。由于微博文字没有换行功能，因此新闻标题都用特殊符号如“【】”“#”进行标注，与正文加以区分。

1.叙述式

叙述式是直接陈述事实的方式，点明新闻报道的主题，或直接将事件结果在标题点明，语言朴实。例如，以下标题都是采用了叙述式，看完标题就对新闻报道的内容非常清楚、明白。

【河南警车在北京逆行 北京交警：罚款200元扣3分】

【残疾兄弟俩无法行走 哥哥拾荒养活失明弟弟】

在标题中，也可以对一些较长的专有名词进行缩写，但要注意的是这些缩写不能产生歧义，例如：中国人民大学不能简称为“人大”，会跟“全国人民代表大会”混淆。例如：【新交规满月闯灯降四成 驾考理论合格率仅55%】，标题中记者将“交通规则”简称为“交规”，“驾驶员从业资格证考试”简称为“驾考”，合理地运用了缩写。

2.悬念式

采用设置悬念的方式，针对大家的疑惑，在标题中留下悬念。悬念式标题能充分激发受众的好奇心和想要了解真相的欲望，吸引大家继续关注正文内容。例如，央视新闻微博发布了一条标题为【厦门最新出台限购措施 哪些城市会紧随其后？】的新闻，标题前半句用了叙述的方式，后半句用了追问的方式，大家看了会产生疑惑，厦门新出台的限购措施是什么？我所在的城市会受影响吗？等等，从而进一步了解新闻内容。这种形式的标题还有很多，例如：

【人民微评：天价住宿费，如何管住？】

【图解丨四大行日赚26亿 银行把钱投哪了赚这么多？】

【直播！“生死投票”即将结束 巴西总统罗塞夫何去何从？】

3.引用式

引用式是在新闻标题中直接引用新闻事件中当事人或知情人士所说的话，以此来凸显新闻内容。例如：澎湃新闻微博发布【扛钢管女工法院掏出一把硬币痛哭：老公，你的欠债我终于还清】，标题直接引用了当事人的一句话，直接表明了新闻的重要信息。以下标题就是“引用式”标题：

【驾校教练集体大声朗读夸学员 网友：你这么一夸，我手脚冰凉不受控制啊】

【鸵鸟“越狱”抓捕的民警感慨：腿太长 根本拦不住啊！】

4.爆料式

爆料式指在标题中爆料新闻事件中鲜为人知的细节，吸引大家的关注。爆料式常用于负面信息或是花边信息等，使用时要恰当，不能为了博人眼球而滥用、乱用。

（二）新闻标题要一目了然

微博新闻标题中除了文字，“【】”“#”、表情包等各种符号也包含其中，各种符号运用较为灵活，往往在标题中起到突出重点、传达感情的作用。

1.双井号标识

例如：澎湃新闻微博发布微博新闻#高校试水教室人脸识别#，标题直接用双井号进行标注，起到提示作用。

2.方括号标识

在微博新闻标题中，以“【】”作为题目标识的最为常见，可以很清楚地将标题和正文区分开，这种标识的提示作用也是最为直接的。例如，2018年9月30日人民日报微博账号发布的新闻【印尼地震海啸灾难中至少有832人死亡】。

3.井号、方括号组合标识

将“【】”与“#”组合到一起运用到标题中，既能插入话题，又能点明主题，可以让标题更加醒目。例如：

【突发！#杭州路面塌陷冒浓烟#：燃气泄漏黄烟弥漫】

4.巧用表情符号

表情符号是微博发布工具中自带的各种表情和图符，经常用于人们的日常交流，表情符号不仅能加强文字的内容，还能传达人的内心情感。这一符号的运用在传统新闻标题中是没有的，常被用于新媒体新闻信息传播中，特别是标题当中，用以体现态度、情绪、倾向等，给受众一种亲切感、幽默感。例如，央视新闻微博发布的一条关于新生军训的新闻，标题是【#一手夹6张扑克站军姿#军训新生：我太难了】标题当中用了一个非常幽默的捂眼哭笑的表情，瞬间引发了大家情感上的共鸣。

微博新闻标题中表情符号的运用非常灵活，正确、巧妙运用表情符号可以传达更多情绪、内在语甚至谐音梗，起到锦上添花的效果，大家可以结合以下几个案例进行分析，进一步思考如何更好地运用表情符号。

【男子超市内怒摔巧克力：等20分钟都没人称重】

【医生8千里外精准指挥手术：距离将不再是医疗面临的问题】

【26分钟能做什么？这段视频告诉你 解放军能架起一座桥！横跨长江！】

（三）文本写作要注重方法

1.短小精悍、言简意赅

微博新闻的传播特点决定了其报道篇幅不能太长，要用最少的字数传达最重要的新闻信息。从标题到正文都要极为精练。例如，人民日报微博发布的一条新闻：【惊险！#私家车坠河消防横渡救出被困女子#】5日下午，河南鹤壁，一辆私家车坠河，一名女子被困车内后排。急流中，私家车随时可能被冲走，情况危急。救援人员采取横渡方式破窗救援，利用安全绳在河道上方搭建绳索横桥，最终将被困女子从车中救出。通篇报道只用很少的文字，却包含了新闻的所有基本要素，时间、地点、人物、事件、经过、结果无一遗漏。

2.注重细节、突出重点

微博新闻写作结构相对单一，主线往往只有一条，发布者很容易将新闻写得空洞、浮于表面。记者要在稿件写作中多注重细节，通过细节的呈现来深化主题、突出重点，只有这样才能引起受众的注意。例如，人民日报微博发布的这条新闻：【记住这个海姆立克急救法！关键时刻能救命】29日，美国某餐厅，一男子就餐时似乎被食物噎住，出现呼吸困难症状，他用手掐脖子，神情痛苦。这时坐在附近的一名休班警察迅速上前，从身后环抱住男子腹部并用力挤压，男子脱险！此法叫海姆立克急救法，拯救过无数急性呼吸道梗塞患者。该新闻通过一系列细节如“呼吸困难”“掐脖子”“神情痛苦”等，呈现事发当时的危险情况，并提到“身后环抱”“腹部”“挤压”等细节，让大家了解并记住“海姆立克急救法”。

3. 直接引用、真实生动

在标题写作中我们提到，可以采用关键性人物说的话作为标题，同样，在新闻正文中可以继续将引用的话展开，加以补充，完整呈现人物说出此话的前因后果，增加新闻的真实性和现场感。例如，人民日报微博发布的新闻：【北京大妈“反杀”电信诈骗头目，骗子被说得心服口服】近日，一北京大妈接到了诈骗电话，但是与以往新闻里被骗的事主不同，这位大妈竟然给骗子上了一课：“你这说话结结巴巴的肯定是新手”，“我这给你做培训呢”，“别骗老百姓，我们多不容易啊！”网友：你大妈还是你大妈！这则报道中多处直接引用大妈的原话，塑造人物形象的同时，给人真实感、现场感。

4. 语言灵活、引起共鸣

微博新闻在新媒体平台播出，必须适应新媒体的发展环境，特别是文字语言的运用，不能过于书面化，表述要灵活、紧跟潮流，语言要接地气，恰当运用网络用语不仅使语言更加幽默，还可以拉近与受众的距离，使受众产生心理上的共鸣。例如，人民日报微博发布的一条新闻：【#这届家长不好带啊# 孩子：我太难了】交警问：你爸喝酒没。孩子说：没喝…但我爸没有驾驶证。父亲酒驾，儿子暴风哭泣吐槽“丢不丢脸”……爆笑实力“坑爹”瞬间。网友：孩子是好孩子，大人是不是好大人就不知道了……文中用了“我太难了”“暴风哭泣”“丢不丢脸”“坑爹”等比较流行的网络用语进行报道，语言风趣幽默。

三、微博新闻的融合发展

（一）媒介融合

全媒体时代，新兴媒体与传统媒体的融合无处不在，微博作为新媒体平台，有其独特的优势，在传播信息过程中，报纸、杂志、广播、电视等各媒介与之不断深入融合，信息的传播形式更加多样化。

1. 微博与报纸的融合

报纸作为传统媒体，利用网络媒介将纸质的图文信息变为电子图文信息，通过电脑、手机等终端设备传播给受众。在微博中，报纸也可以对新闻进行立体化报道，不仅有图文信息的呈现，还有视频信息的呈现。例如《人民日报》入驻微博后，发挥其在新闻稿件写作方面的优势，新闻报道语言精练，主题突出，再配上视频资料，信息更加丰富。2019年10月19日，人民日报微博发布的《护眼妙招，送给正在刷微博的你》这篇报道中，除了文字介绍，还配上了CCTV生活圈的秒拍视频，微博使报纸与电视很好融合在了一起，达到了更好的传播效果(图10-1)。

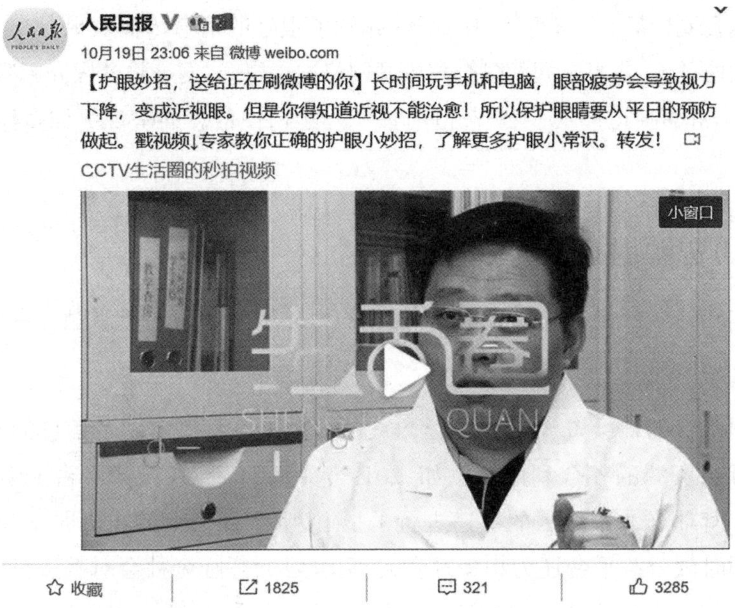

图10-1　人民日报微博截图

2.微博与广播的融合

当前，各大广播电台纷纷入驻微博，与网络媒介充分融合，利用图文、视频进行信息的传播，突破了自身仅仅依靠声音进行信息传播的局限。例如，中央人民广播电台作为国家最重要、最具影响力的媒体之一，在微博平台与其他媒介进行融合，利用文字、图片、视频等方式传播信息。还有MusicRadio音乐之声，在其微博平台利用文字、图片、视频、网络链接等方式进行信息传播，满足了受众听觉和视觉上的享受。

3.微博与电视的融合

电视在微博平台与其他媒介也不断融合，传统的电视节目只能按照线性方式传递信息，虽然运用了声音、图像、文字等传播符号，但存在与受众的互动性差，转瞬即逝的特点，在媒介融合的过程中，便很好地解决了各类媒体所存在的不足之处。

与此同时，新媒体的出现及媒介间的融合，也改变着电视新闻语言的使用。例如，央视新闻微博发布的新闻：

【转存！看的时候别眨眼 全程高能！】庆祝#人民空军成立70周年#航空开放活动现场，两机超低空对冲、四机编队横滚、双机盘旋绕轴……动作之惊险，操作之精准，看得人眼花缭乱！

从题目到内容，语言精练、接地气，起到了很好的信息传播效果。

在微博平台，各媒介间的融合离不开网络这一媒介，网络将各媒介紧紧联系在一起，而丰富的报道形式让各媒介间进一步融合，使信息的呈现更加多样化和立体化。

（二）资源融合

媒体间的融合让各种社会资源不断融合、共享。微博的资源融合主要有：

1.社会资源

微博平台的社会资源十分广泛，通过微博平台，不仅实现了信息的共享，还实现了社会资源的整合利用。例如，2019年8月31日，在微博平台上多家媒体对云南小梦瑶来北京就医的事情进行了报道，呼吁社会上的司机朋友为救护车让行。同时微公益平台还为小梦瑶发起募捐救助，呼吁全社会对其进行帮助，最终小梦瑶的手术很成功。通过这一案例我们不难看出，微博在传递信息的同时也发挥着巨大的社会作用。

2.媒体资源

不同的媒体都有自己的定位和显著特征，同时也拥有独特的媒体资源，在微博平台可以利用关注、喊话、发起话题等功能进行实时互动，让媒体间的资源得到充分共享。例如，人民日报微博在2019年10月26日发布的一条新闻：万山红遍层林尽染，近期济南红叶谷火红一片，跟蓝天绝配，想和谁一起去看？转发@他吧。不同媒体间的资源共享让新闻报道更加及时、全面、广泛。

3.“粉丝”资源

全媒体时代，受众与媒体的距离越来越近，各类媒体也都拥有自己庞大的粉丝群体，这些“粉丝”有的是忠实受众，有的是与新闻事件密切相关的群众，他们分布在社会各个阶层。媒体充分利用好粉丝资源，会让新闻传播更迅速、更广泛。例如，阳江广播电视台在融媒体新闻报道中探索出了一条新的道路，在实践中见证了“粉丝”的力量。2017年8月5日，沈海高速阳西路段发生一起交通事故，一辆载有19.8吨液化石油气的槽罐车发生泄漏。途经该路段的“粉丝”立即向阳江广播电视台传送现场短视频。电视台工作人员第一时间派记者到现场核实并深入采访,以最快的速度发布新闻。[①]

本章小结

自媒体的出现对媒体环境产生了巨大影响,同时也给传统媒体带来了新的机遇,人人都能成为自媒体人的时代,需要我们掌握专业的新闻采编技能,运用好自媒体平台的优势,生产出优质的传播内容。本章对微博、微信两大自媒体平台的新闻采编进行了深入剖析,结合丰富的案例对新闻采编进行了阐述。虽然自媒体新闻的采访报道与广播电视新闻的采访报道有相似之处,但自媒体平台在发展过程中不断呈现出新的变化,需要媒体人与时俱进,不断创新方式方法,共同促进自媒体的健康发展。

① 陈瑜伟.融媒体新闻制胜:收编“粉丝”[J].新闻传播,2018(10),106.

后 记

笔者在本科阶段上"新闻采访与写作"课时,老师主要讲自己在媒体工作的经验,而老师为什么不按照教材讲呢?因为内容太老旧了。那时教材都是薄薄的一本,只有知识点,没有案例、没有分析、没有延展,所以不得学生喜欢。而老师上课讲自己的经验也有问题,各种亲身实战虽然让学生听得津津有味,但由于教材里没有案例展示,笔记也只有一条一条的"干货",下课转身就忘了。现在笔者在高校任教的新闻课堂,仍然存在上述问题,因此编写一本既适应当下行业和业界发展需求,又符合教育教学规律的教材就很有必要。

随着媒介的融合发展,不论是媒体的岗位要求,还是自媒体行业的人才诉求,对传媒类人才的基本要求都是复合型人才。因此,在媒体融合的背景下,不论是传统新闻学专业,还是播音与艺术主持、广播电视编导、网络与新媒体等专业,高校传媒人才的培养必须以行业为导向、以就业为指向、以媒介融合为背景。

在此背景下,西南大学出版社联合重庆市内部分高校出版了融媒体传播系列教材。《融媒体新闻采编》主要由重庆对外经贸学院、重庆人文科技学院的老师编写,且每一位老师都有媒体一线工作经历:何萍老师曾挂职《重庆晨报》社区新闻部副主任一年;倪菲老师在香格里拉电视台工作了7年,从播音员、记者一直做到栏目部副主任;张琴老师有在四川在线和华龙网的工作经历;邱倩老师也在电视台工作过。因此,本教材不是单纯的理论阐述,而是行业经验和教育教学规律相结合的产物。

在教材的编写过程中,各位老师团结一致、齐心协力,付出了辛勤的劳动。邱倩老师在编写期间由于手腕受伤不能写作,何萍老师就接过了第6章的编写任务。编写第1章、第2章、第3章的张琴老师是在原定的编写老师因故不能完成的情况下临危受命,接过了任务,加班加点编写教材。倪菲老师每天晚上都是趁俩孩子睡着以后才开始写作,给主编留言都是在深夜……尽管困难重重,但是大家都没有放弃,因为太需要一本"好用"的教材了。

感谢出版社各位编辑,感谢所有编写老师,也祝福莘莘学子学有所成。